10652083

# Everyday BIBLE WORD GAME COLLECTION

365 PUZZLES!

BARBOUR
PUBLISHING

© 2007 by Barbour Publishing, Inc.

ISBN 978-1-63609-363-5

All rights reserved. No part of this publication may be reproduced or transmitted for commercial purposes, except for brief quotations in printed reviews, without written permission of the publisher.

Churches and other noncommercial interests may reproduce portions of this book without the express written permission of Barbour Publishing, within the following limitations: No more than one puzzle per month in a physical publication made for free distribution (for example, church bulletins, club newsletters, etc.). When reproducing text from this book, include the following credit line: "From *Everyday Bible Word Game Collection*, published by Barbour Publishing, Inc. Used by permission." Puzzles may not be reproduced electronically.

All scripture quotations, unless otherwise noted, are taken from the King James Version of the Bible.

Scripture quotations marked NIV are taken from the HOLY BIBLE, NEW INTERNATIONAL VERSION®. NIV®. Copyright © 1973, 1978, 1984, 2011 by Biblica, Inc™. Used by permission. All rights reserved worldwide.

Published by Barbour Publishing, Inc., 1810 Barbour Drive, Uhrichsville, Ohio 44683, www.barbourbooks.com

*Our mission is to inspire the world with the life-changing message of the Bible.*

Member of the Evangelical Christian Publishers Association

Printed in the United States of America.

# Introduction

Welcome to *The Everyday Bible Word Game Collection*! Here you'll find an enjoyable word game for every day of the year, each one based on the greatest book of all time—the Bible.

Featuring nine types of puzzles, *The Everyday Bible Word Game Collection* promises hours of educational fun. Here's how to play each game:

**DROP TWO PUZZLES** (see Day 1): Remove two letters from each seven-letter word in the left-hand column to create a new five-letter word (you may need to rearrange the remaining letters). Put the two dropped letters into the spaces to the right of the blanks. Then use these letters to spell out a phrase or sentence from the Bible.

**DECODERS** (see Day 2): Using the decoder grid, uncover a Bible verse for each puzzle. For each two-digit number in the puzzle, find a corresponding letter by matching the first number with the vertical column and the second number with the horizontal row. Place all letters in the puzzle blanks, and the verse will appear.

**ACROSTICS** (see Day 3): Read the definition in the left-hand column and write the word it describes in the right-hand column. Then place the coded letters from the right-hand column in the puzzle form following to spell out the verse indicated.

**SCRAMBLED CIRCLES** (see Day 4): Unscramble the words from the list provided, placing the corrected words in the blanks corresponding with the numbers. Then use the circled letters to answer the question following.

**CRYPTOSCRIPTURES** (see Day 5): Each of the Crytpo-Scriptures is a Bible verse in substitution code. For example, JEHOVAH might become M P X S T Q X if M is substituted for J, P for E, X for H, and so on. One way to break the code is to look for repeated letters: E, T, A, O, N, R, and I are the most often used. A single letter is usually A or I. OF, IT, and IS are common two-letter words. Try THE or AND for a three-letter group. The code is different for each CryptoScripture.

**SPOTTY HEADLINES** (see Day 6): Fill in the missing letters of each "headline," which relates to a Bible story. Then unscramble the letters you've added to the headline to form a name, which is the subject of the headline.

**BIBLE QUOTATIONS** (see Day 7): Place the letters in each column into the puzzle grid preceding to form words. The letters may or may not fit into the grid in the same order in which they're given; black spaces indicate the ends of words. When a letter has been used, cross it off and do not use it again. When the grid has been properly filled in, you'll be able to read a Bible verse by scanning the lines of the grid from left to right.

**TELEPHONE SCRAMBLES** (see Day 8): Each set of old-fashioned telephone push-buttons contains a hidden Bible word—and you'll need to determine which letter of each three-letter combination is part of the word.

**ANAGRAMS** (see Day 180): Unscramble the letters of the word or phrase given to create another word or phrase from the Bible.

Now you're all set for a year's worth of Bible puzzle fun. Enjoy!

## Day 1

## DROP TWO

ACTS

| | | | |
|---|---|---|---|
| BLEMISH | Facial move | _____ | 1. ___ ___ |
| DECEASE | Packaged | _____ | 2. ___ ___ |
| CHATHAM | Igniter | _____ | 3. ___ ___ |
| OVERACT | Sketch | _____ | 4. ___ ___ |
| GENERAL | Stove | _____ | 5. ___ ___ |
| NIBBLED | Holy book | _____ | 6. ___ ___ |
| SEABIRD | Facial hair | _____ | 7. ___ ___ |
| PLUMOSE | Feather | _____ | 8. ___ ___ |
| PIERCED | Wept | _____ | 9. ___ ___ |
| ENDWISE | Breezes | _____ | 10. ___ ___ |
| NESTING | Burn lightly | _____ | 11. ___ ___ |
| UNHOPED | 16 ounces | _____ | 12. ___ ___ |
| UNYOKED | Northern Territory | _____ | 13. ___ ___ |

___ ___ ___ ___ ___ ___ ___ ___ ___ ___ ___ ___ ___

___ ___ ___ ___ ___ ___ ___ ___ ___ ___ ___ ___ ___

1 2 3 4 5 6 7 8 9 10 11 12 13

# Day 2

## DECODER

PSALM 27:14

| | 1 | 2 | 3 | 4 | 5 |
|---|---|---|---|---|---|
| 1 | A | K | E | L | T |
| 2 | N | H | F | J | U |
| 3 | I | Y | B | X | G |
| 4 | O | S | M | D | W |
| 5 | R | C | Q | V | P |

45-11-31-15 41-21 15-22-13 14-41-51-44: 33-13

41-23 35-41-41-44 52-41-25-51-11-35-13,

11-21-44 22-13 42-22-11-14-14

42-15-51-13-21-35-15-22-13-21 15-22-31-21-13

22-13-11-51-15: 45-11-31-15, 31 42-11-32, 41-21

15-22-13 14-41-51-44.

# Day 3

## ACROSTIC

ROMANS 14:19

A sign, symbol, or indication

___ ___ ___ ___
30 10 11 36

Fabric that represents one's country

___ ___ ___ ___
7 26 1 20

Exhibiting much weight

___ ___ ___ ___ ___
16 32 6 23 39

An auxiliary form of the verb will

___ ___ ___ ___ ___
8 24 2 18 13

To type out something in full

___ ___ ___ ___ ___ ___ ___ ___ ___ ___
33 3 29 17 9 4 25 21 12 28

Stubborn continuance

___ ___ ___ ___ ___ ___ ___ ___ ___ ___ ___
22 35 14 38 27 19 37 5 15 31 34

26-32-33 2-38 33-16-28-25-5-7-24-11-5

7-24-26-18-24-8 1-7-33-28-11 33-16-32

37-16-21-17-20-19 8-16-21-4-16 30-29-36-28

7-24-25 22-35-29-31-35, 1-17-13

33-16-21-17-20-9 8-16-34-3-28-8-27-37-16

24-15-28 30-1-39 28-13-27-7-39

6-17-24-33-16-28-25.

# Day 4

## SCRAMBLED CIRCLES

1. SJUSE
2. ERPOTHPS
3. DHWSASO
4. SLDNAA
5. ZATPBEI
6. APALHNIT
7. REAABPL
8. PIRSTI
9. RESHSEIAP
10. UEDETBSATI
11. LSTA

He really lost his head over Jesus. Who was he?

1. ◯ _ _ _ _
2. _ _ ◯ _ _ _ _ _
3. _ ◯ _ _ _ _ _
4. _ _ ◯ _ _ _
5. ◯ _ _ _ _ _ _
6. _ ◯ _ _ _ _ _ _
7. ◯ _ _ _ _ _ _
8. _ _ _ _ _ ◯
9. _ _ _ _ ◯ _ _ _ _
10. _ _ _ _ _ _ _ _ _ ◯
11. _ _ _ ◯

Answer: _ _ _ _ the _ _ _ _ _ _ _

## Day 5

## CRYPTOSCRIPTURES

1. QVY OUGJ GJ OUK RKJJNAK OUNO ZK UKNYS QYVR OUK IKAGBBGBA, OUNO HK JUVPWS WVLK VBK NBVOUKY.

2. WV ZBZCN FMWVY YWBZ FMEVHO: RDC FMWO WO FMZ LWXX DR YDP WV KMCWOF QZOSO KDVKZCVWVY NDG.

3. ILER RWNIL ILJ SZYQ ILJ VNMU ZC NRYWJS, WMQ LNR YJQJJGJY ILJ SZYQ ZC LZRIR; N WG ILJ CNYRI, WMQ N WG ILJ SWRI; WMQ HJRNQJ GJ ILJYJ NR MZ UZQ.

## SPOTTY HEADLINES

OLD TESTAMENT HEADLINES

1.

**BLI●D C●PTIVE**
**DE●TR●Y●  TE●PLE**

__ __ __ __ __ __

2.

**LUN●TIC  ●AS**
**TH●USANDS OF  A●IMALS**

__ __ __ __

3.

**K●NG ●OUBLY**
**●IOLATES SACRE● L●WS**

__ __ __ __ __

# Day 7

## BIBLE QUOTATION

JOHN 1:4

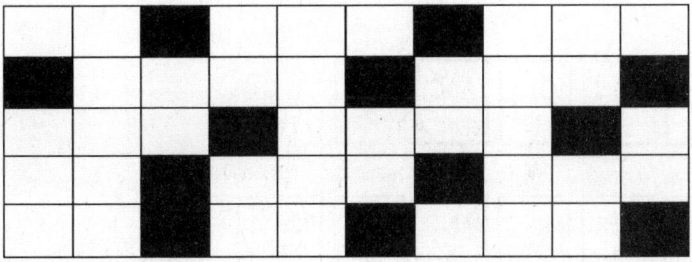

| | | | | | | | | | |
|---|---|---|---|---|---|---|---|---|---|
| A | L | I | T | F | I | A | E | N | S |
| H | S | E | O | E | M | F | W | A | W |
| I | T | | H | L | E | M | N | D | G |
| T | N | | F | H | | | E | I | |
| | H | | | I | | | L | | |

# Day 8

## TELEPHONE SCRAMBLES

### ALLEGORIES

| GHI 4 | ABC 2 | GHI 4 | ABC 2 | PQRS 7 |
|---|---|---|---|---|

| JKL 5 | GHI 4 | MNO 6 | MNO 6 | DEF 3 | PQRS 7 | PQRS 7 |
|---|---|---|---|---|---|---|

| PQRS 7 | ABC 2 | PQRS 7 | ABC 2 | GHI 4 |
|---|---|---|---|---|

| TUV 8 | GHI 4 | MNO 6 | DEF 3 |
|---|---|---|---|

| TUV 8 | GHI 4 | MNO 6 | DEF 3 | WXYZ 9 | ABC 2 | PQRS 7 | DEF 3 |
|---|---|---|---|---|---|---|---|

# Day 9

## SCRAMBLED CIRCLES

1. REVIDSE
2. EIMT
3. MAELF
4. TNNIECA
5. REMNATG
6. DUCKELP
7. DENIEGECX
8. LESEHW

"God is with us." Another name for the coming Messiah.

1. ___O___ ___ ___ ___ ___
2. ___ ___O___
3. ___ ___ ___O___
4. O___ ___ ___ ___ ___ ___
5. ___ ___ ___ ___ ___O ___
6. ___ ___O___ ___ ___ ___
7. ___ ___ ___O___ ___ ___ ___ ___
8. ___ ___ ___ ___O___

Answer: ___ ___ ___ ___ ___ ___ ___ ___

# Day 10

## DROP TWO

ISAIAH

| | | | |
|---|---|---|---|
| LIONESS | Phone wires | _____ | 1. ___ ___ |
| SULPHUR | Soft | _____ | 2. ___ ___ |
| LECTERN | Choose | _____ | 3. ___ ___ |
| EREMITE | Joint | _____ | 4. ___ ___ |
| FEMORAL | Enclose photo | _____ | 5. ___ ___ |
| SUAVELY | Ointment | _____ | 6. ___ ___ |
| SHARPER | Grammar | _____ | 7. ___ ___ |
| GRANITE | Teach | _____ | 8. ___ ___ |
| LEATHER | Gladden | _____ | 9. ___ ___ |
| AMERICA | Cheese or soda | _____ | 10. ___ ___ |
| TREACLE | Profit | _____ | 11. ___ ___ |
| SHERIFF | Fast-food | _____ | 12. ___ ___ |
| BURGESS | Crescendo | _____ | 13. ___ ___ |

| | | | | | | | | | | | | |
|---|---|---|---|---|---|---|---|---|---|---|---|---|
| ___ | ___ | ___ | ___ | ___ | ___ | ___ | ___ | ___ | ___ | ___ | ___ | ___ |
| ___ | ___ | ___ | ___ | ___ | ___ | ___ | ___ | ___ | ___ | ___ | ___ | ___ |
| 1 | 2 | 3 | 4 | 5 | 6 | 7 | 8 | 9 | 10 | 11 | 12 | 13 |

# Day 11

## DECODER

1 CORINTHIANS 3:16

| | 1 | 2 | 3 | 4 | 5 |
|---|---|---|---|---|---|
| 1 | A | K | E | L | T |
| 2 | N | H | F | J | U |
| 3 | I | Y | B | X | G |
| 4 | O | S | M | D | W |
| 5 | R | C | Q | V | P |

12-21-41-45 32-13 21-41-15 15-22-11-15

32-13 11-51-13 15-22-13 15-13-43-55-14-13

41-23 35-41-44, 11-21-44 15-22-11-15 15-22-13

42-55-31-51-31-15 41-23 35-41-44

44-45-13-14-14-13-15-22 31-21 32-41-25?

# Day 12

## ACROSTIC

1 CORINTHIANS 15:58

A metal object worn over the finger while sewing

___ ___ ___ ___ ___ ___ ___
10 33 18 5 1 28 24

Time spent on the job

___ ___ ___ ___ ___ ___ ___
29 34 9 25 4 21 17

A feeling that leads to scratching

___ ___ ___ ___ ___
38 42 2 13 44

To work more hours than you've been scheduled

___ ___ ___ ___ ___ ___ ___ ___
11 41 20 32 15 27 6 12

Moved from one location to another

___ ___ ___ ___ ___ ___ ___ ___ ___ ___ ___
36 39 3 22 14 19 31 8 37 45 23

Lacking worth

___ ___ ___ ___ ___ ___ ___
26 43 35 7 30 16 40

15-13-20-8-24-19-11-32-12, 6-44

1-35-7-11-41-31-23 1-9-30-10-33-32-35-22,

1-45 44-20 16-36-30-23-19-3-43-15,

26-21-6-34-41-24-3-1-28-45, 3-28-29-3-44-14

3-1-11-26-22-23-27-22-17 38-22

42-13-20 29-34-37-25 11-19 42-13-24

28-34-39-23.

Day 13

## SCRAMBLED CIRCLES

1. ERSPEVREE
2. SNAAPG
3. HRRETOB
4. IERLVETANO
5. NSIS
6. LSUNEFLS
7. LSPIEWFHLO

This church had a golden lampstand named after it.

1. __O__ __ __ __ __ __ __
2. O__ __ __ __ __
3. __ __ __ __O __ __
4. __ __ __O__ __ __ __ __ __
5. O__ __ __
6. __O__ __ __ __ __ __
7. __ __ __ __ __ __O __ __ __

Answer: __ __ __ __ __ __ __

# Day 14

## CRYPTOSCRIPTURES

1. QTDN NCKQT QTY VZSI, VYQ GZQ QTY UKNY ACG EVZSW KG TKN UKNIZA, GYKQTYS VYQ QTY AKETQW ACG EVZSW KG TKN AKETQ, VYQ GZQ QTY SKMT ACG EVZSW KG TKN SKMTYN.

2. PLO WFGI WFPW ELDV WFI LPSG VZMM RJW WFGZC WCJYW ZL WFGG: TDC WFDJ, MDCO, FPYW LDW TDCYPEGL WFGS WFPW YGGE WFGG.

3. XAT BVJ YTJKEVDZQ AX BVJ ETAHH DH BA BVJO BVKB YJTDHV XAAGDHVZJHH; UPB PZBA PH RVDEV KTJ HKIJS DB DH BVJ YARJT AX QAS.

Day 15

## SPOTTY HEADLINES

OLD TESTAMENT HEADLINES

1.

**●ELIEVING W●NDERER P●O●ISED**
**L●ND FOR ●IS M●NY HEIRS**

__ __ __ __ __ __ __

2.

**FIR●T KING OF ISR●E●**
**COMMITS S●ICIDE**

__ __ __ __

3.

**C●PTIVE BOY'S THR●E FRIEN●S**
**DE●IVERED FROM F●RE U●HURT**

__ __ __ __ __ __

# Day 16

## BIBLE QUOTATION

ISAIAH 12:5

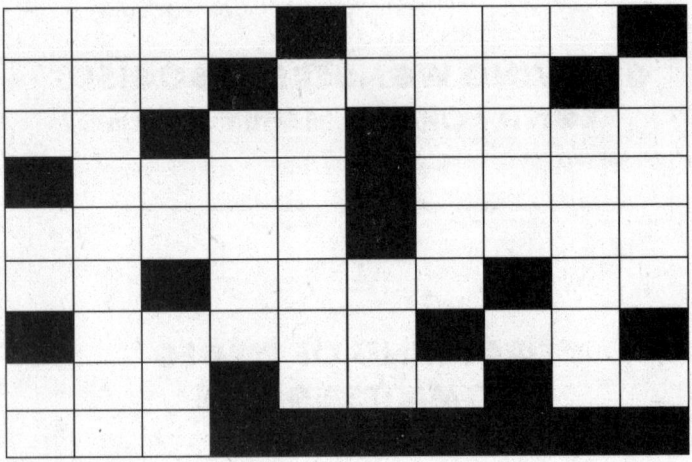

| | | | | | | | | | |
|---|---|---|---|---|---|---|---|---|---|
| T | H | E | O | E | U | S | X | C | A |
| G | S | L | T | E | O | H | T | O | H |
| R | I | O | N | L | H | E | D | T | E |
| A | R | E | N | W | N | E | A | N | N |
| L | D | H | H | H | I | N | I | I | S |
| S | K | N | G | T | | R | H | I | F |
| O | L | N | | T | | T | | E | |
| | L | | | | | | | | |
| | T | | | | | | | | |

# Day 17

## TELEPHONE SCRAMBLES

PRISONERS

| GHI 4 | MNO 6 | PQRS 7 | GHI 4 | DEF 3 | ABC 2 |
|---|---|---|---|---|---|

| JKL 5 | MNO 6 | PQRS 7 | DEF 3 | PQRS 7 | GHI 4 |
|---|---|---|---|---|---|

| PQRS 7 | ABC 2 | TUV 8 | JKL 5 |
|---|---|---|---|

| PQRS 7 | DEF 3 | TUV 8 | DEF 3 | PQRS 7 |
|---|---|---|---|---|

| PQRS 7 | ABC 2 | MNO 6 | PQRS 7 | MNO 6 | MNO 6 |
|---|---|---|---|---|---|

| PQRS 7 | GHI 4 | JKL 5 | ABC 2 | PQRS 7 |
|---|---|---|---|---|

| PQRS 7 | GHI 4 | MNO 6 | DEF 3 | MNO 6 | MNO 6 |
|---|---|---|---|---|---|

## Day 18

# SCRAMBLED CIRCLES

1. SMREAT
2. TBASES
3. ESNVE
4. NOKMDIG
5. TOSOR
6. COAOSNIC
7. EPKSA
8. IRNGE

What plant with purple or white flowers is used for medicines?

1. ○ _ _ _ _ _
2. _ _ ○ _ _ _
3. _ _ _ _ ○
4. _ _ _ _ ○ _ _
5. ○ _ _ _ _
6. _ _ _ ○ _ _ _ _
7. _ _ _ _ ○
8. _ ○ _ _ _

Answer: _ _ _ _ _ _ _ _

# Day 19

## DROP TWO

ZECHARIAH

| | | | |
|---|---|---|---|
| ISHMAEL | Eating times | _____ | 1. __ __ |
| OVERSAW | Relish | _____ | 2. __ __ |
| ALIFORM | Plants | _____ | 3. __ __ |
| BOILING | Game | _____ | 4. __ __ |
| PEDICLE | Music score | _____ | 5. __ __ |
| MADNESS | Titles | _____ | 6. __ __ |
| FITCHEW | Leader | _____ | 7. __ __ |
| POACHER | To dry | _____ | 8. __ __ |
| HERSELF | Transparent | _____ | 9. __ __ |
| SHALLOT | Sandbar | _____ | 10. __ __ |
| ETHICAL | Shoe grip | _____ | 11. __ __ |
| REAGENT | Large | _____ | 12. __ __ |
| DEEPEST | Hasten | _____ | 13. __ __ |

| | | | | | | | | | | | | |
|---|---|---|---|---|---|---|---|---|---|---|---|---|
| __ | __ | __ | __ | __ | __ | __ | __ | __ | __ | __ | __ | __ |
| __ | __ | __ | __ | __ | __ | __ | __ | __ | __ | __ | __ | __ |
| 1 | 2 | 3 | 4 | 5 | 6 | 7 | 8 | 9 | 10 | 11 | 12 | 13 |

# Day 20

## DECODER

1 CORINTHIANS 13:11

| | 1 | 2 | 3 | 4 | 5 |
|---|---|---|---|---|---|
| 1 | A | K | E | L | T |
| 2 | N | H | F | J | U |
| 3 | I | Y | B | X | G |
| 4 | O | S | M | D | W |
| 5 | R | C | Q | V | P |

33-25-15 45-22-13-21 31 33-13-52-11-43-13 11

43-11-21, 31 55-25-15 11-45-11-32

52-22-31-14-44-31-42-22 15-22-31-21-35-42.

# Day 21

## ACROSTIC

MATTHEW 6:24

To put something over something else

___ ___ ___ ___ ___
21 11 34 5 27

The place where one lives

___ ___ ___ ___
33 12 4 28

Making no noise

___ ___ ___ ___ ___ ___
6 32 17 30 22 15

Microscopic plants and animals that fish feed off of

___ ___ ___ ___ ___ ___ ___ ___
23 7 20 1 29 16 26 10

Having lots of money

___ ___ ___ ___ ___ ___ ___
13 35 8 31 3 24 19

Melted cheese used as a dip

___ ___ ___ ___ ___ ___
2 25 14 18 9 36

1-12 4-20-10 21-20-10 6-35-27-34-28 15-13-26

4-8-6-16-30-27-6: 2-25-27 35-32-3-24-5-27 24-35

13-32-17-31 33-20-15-28 15-24-35 12-1-36,

8-22-18 17-11-34-28 16-24-28 25-3-24-5-27;

12-27 28-17-6-30 24-35 13-32-7-31 33-26-31-18

3-11 16-24-35 12-1-28, 8-14-18 18-30-6-23-32-6-30

16-24-28 26-16-24-35-27.

## Day 22

# SCRAMBLED CIRCLES

1. OPLEEP
2. IOGNRANG
3. NDSRCOEI
4. ROVGSEIEN
5. YRECM
6. FLINSU
7. GTESLURG
8. NTOLCOR
9. IPNSAOSS

She may have had the same name, but she was *not* the wife of the famous singer. Who was she?

1. _ _ _ ◯ _ _
2. _ ◯ _ _ _ _ _ _
3. _ _ _ _ ◯ _ _ _
4. ◯ _ _ _ _ _ _ _ _
5. _ _ _ ◯ _
6. _ ◯ _ _ _ _
7. _ _ _ _ _ _ ◯ _
8. _ _ _ _ _ _ ◯
9. _ ◯ _ _ _ _ _ _

Answer: _ _ _ _ _ _ _ _ _

# Day 23

## CRYPTOSCRIPTURES

1. OYXR WXOXH VRJ OYX IOYXH VWIBOUXB VRBCXHXJ VRJ BVSJ, CX IGFYO OI IAXM FIJ HVOYXH OYVR LXR.

2. KRUO WOOY KWRK QO YS ZSK QSPX RIDG MOJSXO DOZ, KS MO GOOZ SJ KWOD: SKWOXLTGO QO WRFO ZS XOLRXY SJ QSPX JRKWOX LWTAW TG TZ WORFOZ.

3. FYT CBD ZEGT, BD WC WN CBFC TECB KE ODVEGD CBDD: BD QWZZ OD QWCB CBDD, BD QWZZ YEC VFWZ CBDD, YDWCBDG VEGNFID CBDD: VDFG YEC, YDWCBDG OD TWNSFADT.

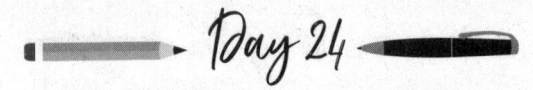


## SPOTTY HEADLINES

OLD TESTAMENT HEADLINES

1.

**FIRST ●AN CON●EMNS**
**●LL FUTURE GENER●TIONS**

__ __ __ __

2.

**●LAVE BABY RAIS●D AS**
**PHARA●H'S ●IGHTY ●ON**

__ __ __ __ __

3.

**●UST PROP●ET**
**L●MENTS D●STRUCT●ON OF**
**TH● LO●D'S TE●PLE**

__ __ __ __ __ __ __ __

# Day 25

## BIBLE QUOTATION

3 JOHN 4

| | | | | | | | | | |
|---|---|---|---|---|---|---|---|---|---|
| I | R | H | C | V | N | R | N | J | O |
| G | R | E | A | T | T | H | D | O | E |
| Y | E | T | T | A | I | L | A | T | |
| H | Y | A | H | H | K | | I | R | |
| M | | U | A | L | E | | T | N | |
| N | | W | A | H | E | | | O | |
| T | | | R | | | | | | |

# Day 26

## TELEPHONE SCRAMBLES

GENEALOGIES

| ABC 2 | ABC 2 | PQRS 7 | ABC 2 | GHI 4 | ABC 2 | MNO 6 |
|---|---|---|---|---|---|---|

| DEF 3 | PQRS 7 | ABC 2 | TUV 8 |
|---|---|---|---|

| GHI 4 | PQRS 7 | ABC 2 | ABC 2 | ABC 2 |
|---|---|---|---|---|

| JKL 5 | DEF 3 | PQRS 7 | TUV 8 | PQRS 7 |
|---|---|---|---|---|

| JKL 5 | MNO 6 | PQRS 7 | DEF 3 | PQRS 7 | GHI 4 |
|---|---|---|---|---|---|

| MNO 6 | ABC 2 | PQRS 7 | WXYZ 9 |
|---|---|---|---|

| PQRS 7 | GHI 4 | MNO 6 | DEF 3 | MNO 6 | MNO 6 |
|---|---|---|---|---|---|

# Day 27

## SCRAMBLED CIRCLES

1. SGAEILRLE
2. SOSTP
3. NAELEV
4. NEBEETW
5. ROTSIES
6. DRENDUH
7. EHERT
8. RARONW
9. TORHN
10. RADOB
11. TUCIB
12. DAEH
13. RAMBEHC
14. SAERHC

A new commandment to live by.

1. ___ ___ ___ ○ ___ ___ ___ ___ ___
2. ___ ○ ___ ___ ___
3. ___ ___ ___ ○ ___ ___
4. ___ ○ ___ ___ ___ ___ ___
5. ___ ___ ○ ___ ___ ___ ___
6. ___ ___ ○ ___ ___ ___ ___
7. ___ ___ ___ ___ ○
8. ___ ○ ___ ___ ___ ___
9. ○ ___ ___ ___ ___
10. ___ ___ ○ ___ ___
11. ___ ___ ___ ___ ○
12. ○ ___ ___ ___
13. ___ ___ ___ ___ ___ ○ ___
14. ___ ○ ___ ___ ___ ___

Answer: ___ ___ ___ ___ ___ ___ ___

___ ___ ___ ___ ___ ___ ___

# Day 28

## DROP TWO

COLOSSIANS

| | | | |
|---|---|---|---|
| ADAPTER | Bandaged | _____ | 1. __ __ |
| NASTIER | Step | _____ | 2. __ __ |
| DISTAFF | Unyielding | _____ | 3. __ __ |
| LEGHORN | Hopeless person | _____ | 4. __ __ |
| MENTHOL | 1/12 year | _____ | 5. __ __ |
| PLICATE | Put | _____ | 6. __ __ |
| SCATHED | Performed | _____ | 7. __ __ |
| BRAIDED | Anxiety | _____ | 8. __ __ |
| ENABLED | Knife part | _____ | 9. __ __ |
| FLAGGED | Woods opening | _____ | 10. __ __ |
| STETSON | Encampment | _____ | 11. __ __ |

| | | | | | | | | | | |
|---|---|---|---|---|---|---|---|---|---|---|
| __ | __ | __ | __ | __ | __ | __ | __ | __ | __ | __ |
| __ | __ | __ | __ | __ | __ | __ | __ | __ | __ | __ |
| 1 | 2 | 3 | 4 | 5 | 6 | 7 | 8 | 9 | 10 | 11 |

# Day 29

## DECODER

ECCLESIASTES 12:13

| | 1 | 2 | 3 | 4 | 5 |
|---|---|---|---|---|---|
| 1 | A | K | E | L | T |
| 2 | N | H | F | J | U |
| 3 | I | Y | B | X | G |
| 4 | O | S | M | D | W |
| 5 | R | C | Q | V | P |

14-13-15 25-42 22-13-11-51 15-22-13

52-41-21-52-14-25-42-31-41-21 41-23 15-22-13

45-22-41-14-13 43-11-15-15-13-51: 23-13-11-51

35-41-44, 11-21-44 12-13-13-55 22-31-42

52-41-43-43-11-21-44-43-13-21-15-42: 23-41-51

15-22-31-42 31-42 15-22-13 45-22-41-14-13

44-25-15-32 41-23 43-11-21.

# Day 30

## ACROSTIC

ISAIAH 1:18

A personal wardrobe

__ __ __ __ __ __ __
34 7 21 16 1 30 12

The location of something

__ __ __ __ __ __ __ __ __ __ __
26 5 31 17 13 35 4 42 25 9 20

A place suitable to the person in it

__ __ __ __ __
38 6 43 32 44

A wide variety of food

__ __ __ __ __ __ __ __ __ __ __
33 8 36 14 27 18 3 41 11 29 23

Full of spices

__ __ __ __ __
10 40 2 22 19

A fictitious tale

__ __ __ __ __
37 24 39 15 28

34-21-8-30 38-21-26, 35-38-23 7-31-9 25-37

14-44-18-37-11-38 16-21-27-44-16-32-13-15, 12-18-2-24-5

16-32-44 7-36-15-23: 16-32-21-25-27-5 19-11-25-17

20-2-38-37 41-30 35-20 10-22-18-17-7-30-9,

24-5-30-28 12-5-35-7-7 4-31 35-10 26-1-6-16-13

35-20 33-38-42-26.

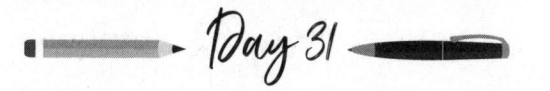


## SCRAMBLED CIRCLES

1. ZAEBITP
2. NWEDOR
3. RCYESRO
4. TYHUO
5. RDCEEAL
6. RNESKTIC
7. LUYMPTIL
8. RAHTE
9. DHNSA

This prophet was the son of Berechiah.

1. ___ ___ ___ ___ ___ ○ ___
2. ___ ___ ___ ___ ○ ___
3. ___ ___ ___ ○ ___ ___ ___
4. ___ ___ ___ ___ ○
5. ___ ___ ___ ___ ○ ___ ___
6. ___ ___ ○ ___ ___ ___ ___ ___
7. ___ ___ ___ ___ ○ ___ ___ ___
8. ___ ○ ___ ___ ___
9. ○ ___ ___ ___ ___

Answer: ___ ___ ___ ___ ___ ___ ___ ___ ___

# Day 32

## CRYPTOSCRIPTURES

1. V PVW VZFU UT OUPVW LEVL EVLE V KVPSZSVT FMSTSL, UT LEVL SF V OSIVTX, FEVZZ FBTDZQ GD MBL LU XDVLE: LEDQ FEVZZ FLUWD LEDP OSLE FLUWDF: LEDST GZUUX FEVZZ GD BMUW LEDP.

2. YZR FA MDYOO TXPQ AX VYMM, ADYA LSXP XZQ ZQG PXXZ AX YZXADQS, YZR LSXP XZQ MYWWYAD AX YZXADQS, MDYOO YOO LOQMD TXPQ AX GXSMDFV WQLXSQ PQ, MYFAD ADQ OXSR.

3. ULQT OE EZQT RXZK EZR, LKS FTLYK ZN OT; NZY V LO OTTQ LKS FZHFE VK ITLYU: LKS ET MILFF NVKS YTMU RKUZ EZRY MZRFM.

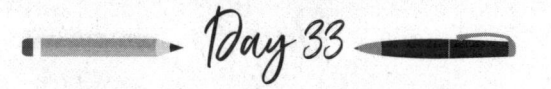


## SPOTTY HEADLINES

OLD TESTAMENT HEADLINES

1.

**F●RST MURDER**
**●OMMITTED O● E●RTH**
**BY A MAN**

— — — —

2.

**Y●UNG BROT●ER ●ULLED**
**FROM PIT AND UN●USTLY**
**●OLD AS SLAV●**

— — — — — —

3.

**KING THREATE●ING T● CUT**
**CHI●D IN TW● ●AY SETTLE**
**●WNERSHIP DI●PUTE**

— — — — — — —

# Day 34

## BIBLE QUOTATION

REVELATION 22:12

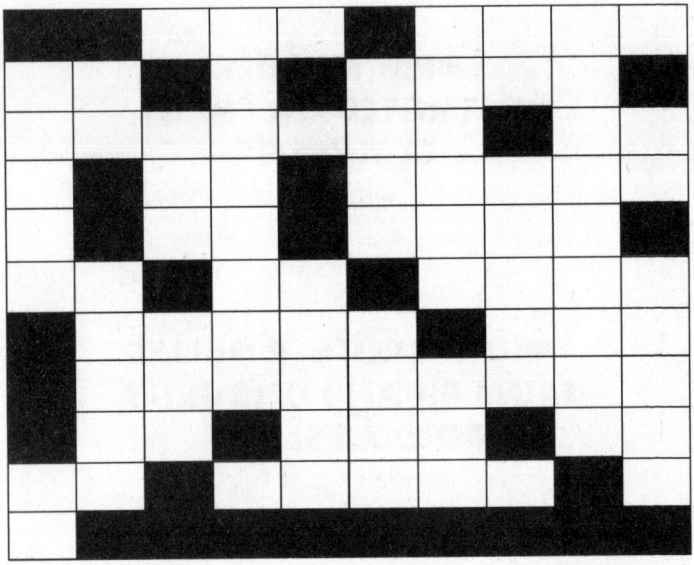

| | | | | | | | | | |
|---|---|---|---|---|---|---|---|---|---|
| Q | D | A | Y | O | L | L | L | A | O |
| D | U | I | S | H | R | S | M | A | E |
| M | A | M | T | H | W | D | E | H | N |
| R | A | I | E | O | R | B | I | V | G |
| E | K | V | C | R | Y | O | M | A | N |
| L | E | C | N | D | C | Y | I | N | R |
| D | E | S | I | K | A | I | W | W | O |
| | | | C | | I | E | T | H | B |
| | | | S | | | G | | E | |

# Day 35

## TELEPHONE SCRAMBLES

MEASUREMENTS

| ABC 2 | TUV 8 | PQRS 7 | GHI 4 | DEF 3 | JKL 5 |
|---|---|---|---|---|---|

| ABC 2 | TUV 8 | ABC 2 | GHI 4 | TUV 8 |
|---|---|---|---|---|

| DEF 3 | DEF 3 | MNO 6 | ABC 2 | PQRS 7 | GHI 4 | TUV 8 | PQRS 7 |
|---|---|---|---|---|---|---|---|

| DEF 3 | PQRS 7 | ABC 2 | ABC 2 | GHI 4 | MNO 6 | ABC 2 |
|---|---|---|---|---|---|---|

| MNO 6 | MNO 6 | DEF 3 | PQRS 7 |
|---|---|---|---|

| PQRS 7 | GHI 4 | DEF 3 | JKL 5 | DEF 3 | JKL 5 |
|---|---|---|---|---|---|

| TUV 8 | ABC 2 | JKL 5 | DEF 3 | MNO 6 | TUV 8 |
|---|---|---|---|---|---|

## Day 36

# SCRAMBLED CIRCLES

1. NORAG
2. NESTUCHT
3. TENLAM
4. DREAPS
5. NADH
6. LINAS
7. NADERG
8. NODUB
9. WAHSOD

Well-to-do Greek children were accompanied everywhere by these.

1. ○ _ _ _ _
2. _ _ _ _ _ _ ○ _
3. _ ○ _ _ _ _
4. _ _ ○ _ _ _
5. _ _ _ ○
6. _ _ _ ○ _
7. _ ○ _ _ _ _
8. _ _ _ ○ _
9. ○ _ _ _ _ _

Answer: _ _ _ _ _ _ _ _ _

# Day 37

## DROP TWO

1 PETER

| | | | |
|---|---|---|---|
| STEALTH | Warms | _____ | 1. ___ ___ |
| HAPLOID | Checked | _____ | 2. ___ ___ |
| ERODENT | Softened sound | _____ | 3. ___ ___ |
| WRAPPED | Document | _____ | 4. ___ ___ |
| OPERATE | Candle | _____ | 5. ___ ___ |
| RAMPANT | Florida city | _____ | 6. ___ ___ |
| DRAFTED | Not before | _____ | 7. ___ ___ |
| OEDIPUS | Caught site of | _____ | 8. ___ ___ |
| FRESHET | Bed cover | _____ | 9. ___ ___ |
| TRAIPSE | Mates | _____ | 10. ___ ___ |
| NIGHTLY | Fibbing | _____ | 11. ___ ___ |
| STROPHE | Harbor towns | _____ | 12. ___ ___ |

___ ___ ___ ___ ___ ___ ___ ___ ___ ___ ___ ___

___ ___ ___ ___ ___ ___ ___ ___ ___ ___ ___ ___

1 2 3 4 5 6 7 8 9 10 11 12

# Day 38

## DECODER

1 THESSALONIANS 5:9

| | 1 | 2 | 3 | 4 | 5 |
|---|---|---|---|---|---|
| 1 | A | K | E | L | T |
| 2 | N | H | F | J | U |
| 3 | I | Y | B | X | G |
| 4 | O | S | M | D | W |
| 5 | R | C | Q | V | P |

23-41-51 35-41-44 22-11-15-22 21-41-15

11-55-55-41-31-21-15-13-44 25-42 15-41

45-51-11-15-22, 33-25-15 15-41 41-33-15-11-31-21

42-11-14-54-11-15-31-41-21 33-32 41-25-51

14-41-51-44 24-13-42-25-42 52-22-51-31-42-15.

# Day 39

## ACROSTIC

PSALM 1:3

Charmed by an irresistable appeal

___ ___ ___ ___ ___ ___ ___ ___ ___ ___
32 5 40 27 16 20 1 38 10 42

The projects a child does outside school

___ ___ ___ ___ ___ ___ ___ ___
36 4 17 30 41 24 39 23

Misty

___ ___ ___ ___ ___
43 18 22 6 33

Clear, transparent quartz

___ ___ ___ ___ ___ ___ ___
7 11 29 31 15 21 3

Looking on the bright side

___ ___ ___ ___ ___ ___ ___ ___ ___ ___
44 12 37 2 14 28 8 34 19 25

A baby rabbit

___ ___ ___ ___ ___
45 26 13 9 35

5-13-42 36-30 31-36-5-3-3 45-30

3-16-23-10 21 27-11-10-30

40-3-5-9-37-10-42 45-33 34-36-30

39-28-20-10-39-8 44-43 41-21-27-30-11,

27-36-5-27 45-39-16-13-22-10-34-36

43-4-39-38-36 36-2-8 43-11-26-19-15 16-13

36-28-31 8-30-1-31-18-9.

# Day 40

## SCRAMBLED CIRCLES

1. EPLEOP
2. ETARG
3. EISNAREC
4. ERERTOS
5. REUDVO
6. TOSUATC
7. ODBLEH
8. SAPS
9. TMSEI

Such a wind was worth the wait.

1. O _ _ _ _ _
2. _ _ O _ _
3. _ O _ _ _ _ _ _
4. _ _ _ O _ _ _
5. _ O _ _ _ _
6. _ _ _ O _ _ _
7. _ _ _ O _ _
8. _ _ O _
9. _ _ _ O _

Answer: _ _ _ _ _ _ _ _ _

## Day 41

# CRYPTOSCRIPTURES

1. XNB DWM IWFFUPMUBZ ZKJ VWHU BWQOTM NJ, KP BZOB, QZKVU QU QUTU LUB JKPPUTJ, IZTKJB MKUM YWT NJ.

2. UEE CQZGDKSZH GC AGLHY JN GYCDGZUKGRY RP ARV, UYV GC DZRPGKUJEH PRZ VRQKZGYH, PRZ ZHDZRRP, PRZ QRZZHQKGRY, PRZ GYCKZSQKGRY GY ZGATKHRSCYHCC.

3. R ZSIQ MJXM, QJXMVITATC BIW WITMJ, RM VJXFF PT NIC TATC: SIMJRSB DXS PT OEM MI RM, SIC XSK MJRSB MXZTS NCIL RM: XSW BIW WITMJ RM, MJXM LTS VJIEFW NTXC PTNICT JRL.

# Day 42

## SPOTTY HEADLINES

OLD TESTAMENT HEADLINES

1.

**PROP●ET HAS BE●UN**
**ENCOUR●G●N● EX-C●PTIVES TO**
**REBUILD TEMPLE**

__ __ __ __ __ __

2.

**P●●EST RENEWS**
**●EAL TOW●RD T●MPLE**
**RE●AB AMONGST T●E**
**EX-●●PTIVES**

__ __ __ __ __ __ __ __ __

3.

**OLD CHILDLESS M●N**
**●ELIEVES PRO●ISE TO**
**●●VE M●NY CHILD●EN**

__ __ __ __ __ __ __

# Day 43

## BIBLE QUOTATION

ECCLESIASTES 3:1

| | | | | | | | | | |
|---|---|---|---|---|---|---|---|---|---|
| T | O | O | E | P | A | D | P | A | R |
| E | I | I | N | A | N | E | R | E | A |
| E | R | I | E | G | T | T | H | E | H |
| E | H | N | S | E | U | O | S | Y | S |
| S | T | H | N | D | E | R | N | T | V |
| E | | U | | A | V | R | | O | |
| T | | Y | | | V | E | | E | |
| | | M | | | | | | | |

Day 44

# TELEPHONE SCRAMBLES

## ANIMALS IN THE OLD TESTAMENT

| ABC 2 | PQRS 7 | PQRS 7 |
|---|---|---|

| ABC 2 | ABC 2 | MNO 6 | DEF 3 | JKL 5 |
|---|---|---|---|---|

| DEF 3 | MNO 6 | TUV 8 | DEF 3 |
|---|---|---|---|

| DEF 3 | ABC 2 | GHI 4 | JKL 5 | DEF 3 |
|---|---|---|---|---|

| DEF 3 | GHI 4 | PQRS 7 | GHI 4 |
|---|---|---|---|

| GHI 4 | MNO 6 | ABC 2 | TUV 8 |
|---|---|---|---|

| JKL 5 | ABC 2 | MNO 6 | ABC 2 |
|---|---|---|---|

# Day 45

## SCRAMBLED CIRCLES

1. DORSW
2. LATEX
3. GONAM
4. RATTESC
5. SAPKE
6. THERSTC
7. NIRU
8. SIRERV

A blind man was given sight in this city.

1. _ _ _ _ O
2. _ _ O _ _
3. _ O _ _ _
4. _ _ O _ _ _ _
5. O _ _ _ _
6. _ _ _ _ _ O _
7. _ O _ _
8. _ _ _ _ _ O

Answer: _ _ _ _ _ _ _ _

# Day 46

## DROP TWO

MICAH

| | | | |
|---|---|---|---|
| SAWBILL | Herb | _____ | 1. __ __ |
| HOLIDAY | Circadian | _____ | 2. __ __ |
| ROASTER | Put away | _____ | 3. __ __ |
| TRIPLED | Danger | _____ | 4. __ __ |
| DRESDEN | Thick-headed | _____ | 5. __ __ |
| EPISODE | Caught site of | _____ | 6. __ __ |
| QUENTIN | Boredom | _____ | 7. __ __ |
| HUMERUS | Body fluid | _____ | 8. __ __ |
| ASEPTIC | Room | _____ | 9. __ __ |
| HARDEST | Advantage | _____ | 10. __ __ |
| ENABLED | Dull | _____ | 11. __ __ |

| 1 | 2 | 3 | 4 | 5 | 6 | 7 | 8 | 9 | 10 | 11 |
|---|---|---|---|---|---|---|---|---|---|---|
| __ | __ | __ | __ | __ | __ | __ | __ | __ | __ | __ |
| __ | __ | __ | __ | __ | __ | __ | __ | __ | __ | __ |

# Day 47

## DECODER

1 TIMOTHY 4:12

| | 1 | 2 | 3 | 4 | 5 |
|---|---|---|---|---|---|
| 1 | A | K | E | L | T |
| 2 | N | H | F | J | U |
| 3 | I | Y | B | X | G |
| 4 | O | S | M | D | W |
| 5 | R | C | Q | V | P |

14-13-15 21-41 43-11-21 44-13-42-55-31-42-13

15-22-32 32-41-25-15-22; 33-25-15 33-13 15-22-41-25

11-21 13-34-11-43-55-14-13 41-23 15-22-13

33-13-14-31-13-54-13-51-42, 31-21 45-41-51-44,

31-21 52-41-21-54-13-51-42-11-15-31-41-21, 31-21

52-22-11-51-31-15-32, 31-21 42-55-31-51-31-15, 31-21

23-11-31-15-22, 31-21 55-25-51-31-15-32.

# Day 48

## ACROSTIC

1 CORINTHIANS 14:10

The parts of a garment that cover the arm

___ ___ ___ ___ ___ ___ ___
38 20 26 8 1 37 14

Not a definite yes or no

___ ___ ___ ___ ___
25 30 9 4 21

Blood relatives

___ ___ ___ ___ ___ ___
36 5 15 32 10 24

Injured unjustly

___ ___ ___ ___ ___ ___ ___
35 13 22 18 3 34 28

To have great depth from side to side

___ ___ ___ ___ ___
2 17 12 7 29

Made a coherent whole

___ ___ ___ ___ ___ ___ ___
31 16 6 27 23 11 19

2-17-26-13-21 5-13-8, 12-2 25-5-9 4-11, 14-22

15-5-18-24 29-32-16-19-14

22-36 1-22-12-7-34-14 32-16 2-17-21

35-22-13-10-28, 30-18-28 16-22-18-37

22-36 2-17-34-25 12-38 35-32-2-17-22-31-2

14-6-3-16-32-36-12-7-30-2-32-22-16.

# Day 49

## SCRAMBLED CIRCLES

1. ANRE
2. EGNER
3. EIGES
4. SRRUEL
5. SGERLID
6. ESRITS
7. NDOEIRSI
8. NCOIANT
9. RSECATT
10. TPIY
11. UHSOE
12. NAEHEHT

What is it that all believers will experience?

1. ___ ___ ___ ○
2. ___ ___ ○ ___ ___
3. ○ ___ ___ ___ ___
4. ___ ○ ___ ___ ___ ___
5. ___ ___ ○ ___ ___ ___ ___
6. ___ ___ ___ ___ ___ ○
7. ___ ○ ___ ___ ___ ___ ___ ___
8. ○ ___ ___ ___ ___ ___ ___
9. ___ ___ ___ ___ ○ ___ ___
10. ___ ○ ___ ___
11. ___ ○ ___ ___ ___
12. ___ ___ ___ ___ ___ ___ ○

Answer: ___ ___ ___ ___ ___ ___ ___ ___ ___ ___ ___ ___

# Day 50

## CRYPTOSCRIPTURES

1. JXZQP UX JR IR JPD LGWW; KRH JPRV ZHJ UD BRI: JPD OSGHGJ GO BRRI; WXZI UX GYJR JPX WZYI RK VSHGBPJYXOO.

2. VUS BWS AYVZZ LQGK VLVC VZZ RKVMA XMWD RYKQM KCKA; VUS RYKMK AYVZZ NK UW DWMK SKVRY, UKQRYKM AWMMWL, UWM FMCQUB, UKQRYKM AYVZZ RYKMK NK VUC DWMK GVQU: XWM RYK XWMDKM RYQUBA VMK GVAAKS VLVC.

3. MV EXDPMF ZUM VGES VLLSDSN FV QSUD FXS MPGM VL TUGH; UGN KGFV FXST FXUF AVVW LVD XPT MXUAA XS URRSUD FXS MSEVGN FPTS ZPFXVKF MPG KGFV MUABUFPVG.

# Day 51

## SPOTTY HEADLINES

OLD TESTAMENT HEADLINES

1.

**COU●AGEOU● QU●EN OU●WITS ●ATEFUL PLOTTING ●NEMY**

— — — — — —

2.

**M●THER RETURNS HO●E AFTER YE●RS OF A●GU●SH**

— — — — —

3.

**W●RRIOR CROSSES ●ORDAN, CONQ●ERS LAND, AND ●LAYS PREVI●US IN●ABITANTS**

— — — — — —

# Day 52

## BIBLE QUOTATION

ISAIAH 59:1

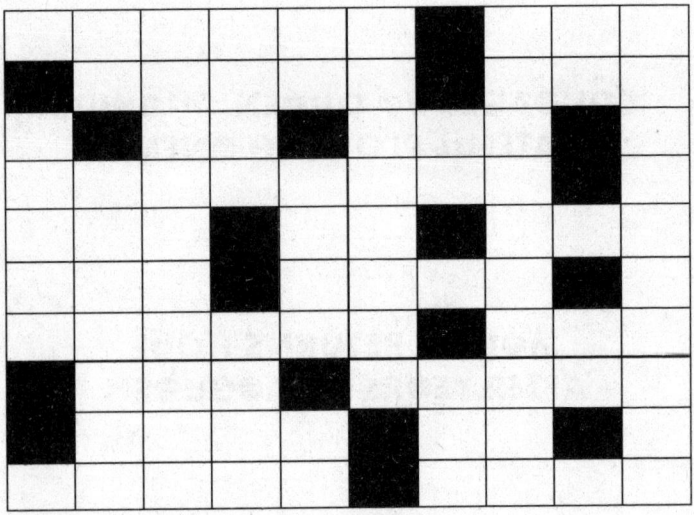

| | | | | | | | | | |
|---|---|---|---|---|---|---|---|---|---|
| B | E | H | O | L | D | E | H | A | E |
| H | I | T | R | E | N | I | A | I | N |
| N | E | A | S | I | T | H | T | V | R |
| E | T | H | T | S | A | V | E | H | S |
| D | N | N | R | E | R | E | T | A | N |
| H | O | R | A | D | S | O | D | A | S |
| A | A | T | O | T | N | | C | | Y |
| | O | T | H | T | H | | E | | C |
| | L | O | | | | | T | | T |
| | | I | | | | | H | | N |

## Day 53

# TELEPHONE SCRAMBLES

OFFERINGS

| GHI 4 | MNO 6 | ABC 2 | TUV 8 |
|---|---|---|---|

| GHI 4 | PQRS 7 | ABC 2 | GHI 4 | MNO 6 |
|---|---|---|---|---|

| JKL 5 | ABC 2 | MNO 6 | ABC 2 |
|---|---|---|---|

| MNO 6 | DEF 3 | ABC 2 | JKL 5 |
|---|---|---|---|

| MNO 6 | DEF 3 | ABC 2 | TUV 8 |
|---|---|---|---|

| MNO 6 | GHI 4 | JKL 5 |
|---|---|---|

| PQRS 7 | MNO 6 | MNO 6 |
|---|---|---|

## Day 54

# SCRAMBLED CIRCLES

1. NAROFEP
2. TORNERISF
3. YLROG
4. HEAHNET
5. LATESTY
6. SONEB
7. CIVEO
8. MUBD
9. PORPHYSE

A person is made this way because of Christ's sacrifice on the cross.

1. _ O _ _ _ _ _
2. _ _ _ _ _ O _ _ _
3. O _ _ _ _
4. _ _ _ _ O _ _
5. _ O _ _ _ _ _
6. _ _ _ O _
7. _ O _ _ _
8. _ O _ _
9. _ _ _ _ _ _ O _

Answer: _ _ _ _ _ _ _ _ _

# Day 55

## DROP TWO

DANIEL

| | | | |
|---|---|---|---|
| LANTERN | Memorize | _____ | 1. __ __ |
| HOLIEST | Shoulder covering | _____ | 2. __ __ |
| ENDWISE | Weaves | _____ | 3. __ __ |
| KESTREL | Oak and maple | _____ | 4. __ __ |
| AMIABLE | Easy walk | _____ | 5. __ __ |
| GRANTED | Scored | _____ | 6. __ __ |
| GURGLED | Stuck | _____ | 7. __ __ |
| MENACED | Beat | _____ | 8. __ __ |
| ABALONE | Aristocrat | _____ | 9. __ __ |
| BLASTED | Apathetic | _____ | 10. __ __ |
| MACHINE | Dishes | _____ | 11. __ __ |
| INVADES | Grape plants | _____ | 12. __ __ |
| AVENGER | Brink | _____ | 13. __ __ |

| | | | | | | | | | | | | |
|---|---|---|---|---|---|---|---|---|---|---|---|---|
| __ | __ | __ | __ | __ | __ | __ | __ | __ | __ | __ | __ | __ |
| __ | __ | __ | __ | __ | __ | __ | __ | __ | __ | __ | __ | __ |
| 1 | 2 | 3 | 4 | 5 | 6 | 7 | 8 | 9 | 10 | 11 | 12 | 13 |

# Day 56

## DECODER

COLOSSIANS 3:23

| | 1 | 2 | 3 | 4 | 5 |
|---|---|---|---|---|---|
| 1 | A | K | E | L | T |
| 2 | N | H | F | J | U |
| 3 | I | Y | B | X | G |
| 4 | O | S | M | D | W |
| 5 | R | C | Q | V | P |

11-21-44 45-22-11-15-42-41-13-54-13-51 32-13

44-41, 44-41 31-15 22-13-11-51-15-31-14-32,

11-42 15-41 15-22-13 14-41-51-44, 11-21-44

21-41-15 25-21-15-41 43-13-21.

# Day 57

## ACROSTIC

1 CORINTHIANS 6:20

A tongue of fire

___ ___ ___ ___ ___
31 38 5 17 9

Not old

___ ___ ___ ___ ___
39 18 12 3 33

The state whose capital is Madison

___ ___ ___ ___ ___ ___ ___ ___ ___
24 28 8 32 21 37 13 35 29

An account of a person's life written by another

___ ___ ___ ___ ___ ___ ___ ___ ___
20 34 2 26 23 42 11 16 7

An exaggerated picture of a person

___ ___ ___ ___ ___ ___ ___ ___ ___ ___
10 30 1 22 14 6 36 27 19 41

What a person eats and drinks

___ ___ ___ ___
15 40 4 25

31-18-23 39-41 6-1-41 20-21-12-33-16-36

24-40-25-16 5 11-23-28-32-9:

25-16-41-23-4-31-2-1-4 33-38-2-23-40-31-7

26-2-15 35-29 7-18-27-23 20-2-15-39,

42-3-15 28-37 39-2-12-19 13-11-34-23-22-36,

24-16-34-10-16 5-19-41 26-2-15'-8.

# Day 58

## SCRAMBLED CIRCLES

1. DLEBSES
2. RIPSIT
3. UNORM
4. DFAOBRE
5. LPEINCAN

He threw a party for Jesus but was not prepared for the woman with the perfume.

1. _ _ _ ◯ _ _ _
2. _ _ ◯ _ _ _
3. ◯ _ _ _ _
4. _ ◯ _ _ _ _ _
5. _ _ _ ◯ _ _ _ _

Answer: _ _ _ _ _

# Day 59

## CRYPTOSCRIPTURES

1. ZXQ QWNQ SWHRW YXPQW HZQX QWP UXBQW JPAHDPQW N UNZ; FBQ QWNQ SWHRW RXUPQW XBQ XA QWP UXBQW, QWHK JPAHDPQW N UNZ.

2. NQIWI FH ZAZI QAXM TH NQI XAWG: SAW NQIWI FH ZAZI OIHFGI NQII: ZIFNQIW FH NQIWI TZM WAYD XFDI ACW BAG.

3. AX CZI A HAEE NDWATG KAT HZDI, AX CZI A KWBG NOJ RL JDOTJ; A HAEE XZJ UGWD HKWJ UEGTK MWX IZ OXJZ RG.

## Day 60

# SPOTTY HEADLINES

OLD TESTAMENT HEADLINES

1.

**SHEPHERD TRICKED ●Y ●N**
**UN●UST UN●LE'S PR●MISE**

__ __ __ __ __

2.

**BROTHER ●ELLS BIRTHRIGHT**
**IN RET●RN FOR A M●●L**

__ __ __ __

3.

**MAN'S WIFE**
**BEC●MES SA●T S●ATUE**

__ __ __

# Day 61

## BIBLE QUOTATION

EXODUS 20:3

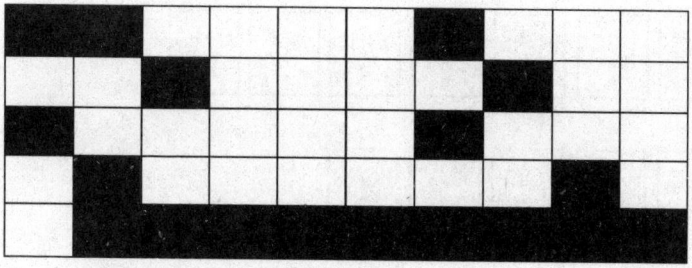

| | | | | | | | | | |
|---|---|---|---|---|---|---|---|---|---|
| L | T | B | E | F | U | E | S | N | D |
| S | O | T | H | A | V | R | G | H | O |
| E | | T | H | O | R | | E | O | M |
| | | | H | E | O | | | | A |

Day 62

# TELEPHONE SCRAMBLES

## CONVERSIONS IN THE OLD TESTAMENT

| ABC 2 | ABC 2 | PQRS 7 | ABC 2 | GHI 4 | ABC 2 | MNO 6 |
|---|---|---|---|---|---|---|

| ABC 2 | WXYZ 9 | PQRS 7 | TUV 8 | PQRS 7 |
|---|---|---|---|---|

| DEF 3 | ABC 2 | PQRS 7 | GHI 4 | TUV 8 | PQRS 7 |
|---|---|---|---|---|---|

| DEF 3 | ABC 2 | TUV 8 | GHI 4 | DEF 3 |
|---|---|---|---|---|

| JKL 5 | ABC 2 | ABC 2 | MNO 6 | ABC 2 |
|---|---|---|---|---|

| PQRS 7 | TUV 8 | TUV 8 | GHI 4 |
|---|---|---|---|

| PQRS 7 | ABC 2 | MNO 6 | TUV 8 | DEF 3 | JKL 5 |
|---|---|---|---|---|---|

# Day 63

## SCRAMBLED CIRCLES

1. SHLEF
2. NARENM
3. LETAD
4. HISERP
5. TECUXEE
6. NALELF
7. CHRETST
8. RIDEES
9. TIDEESP
10. RUNOM
11. DASHEW

Paul was kept under arrest for two years by these two Roman governors.

1. ○ _ _ _ _
2. _ _ _ _ ○ _
3. _ _ _ ○ _
4. _ _ _ ○ _ _
5. _ ○ _ _ _ _ _ _
6. ○ _ _ _ _ _
7. _ _ _ ○ _ _ _
8. _ _ ○ _ _ _
9. _ _ _ _ _ ○ _
10. _ _ ○ _ _
11. _ _ ○ _ _ _

Answer: _ _ _ _ _ and _ _ _ _ _ _

# Day 64

## DROP TWO

1 SAMUEL

| | | | |
|---|---|---|---|
| HABITAT | Tropical grass | _____ | 1. ___ ___ |
| PHAROAH | TV hostess | _____ | 2. ___ ___ |
| SKILLET | Cultivates | _____ | 3. ___ ___ |
| LARDING | Wonderful | _____ | 4. ___ ___ |
| TONGUES | Visitor | _____ | 5. ___ ___ |
| MONGREL | Citrus fruit | _____ | 6. ___ ___ |
| THORIDE | Plural pronoun | _____ | 7. ___ ___ |
| SHRIVEL | Angers | _____ | 8. ___ ___ |
| CRUSADE | Whey | _____ | 9. ___ ___ |
| RECEIPT | Portion | _____ | 10. ___ ___ |
| DEATHLY | Doled out | _____ | 11. ___ ___ |
| ONWARDS | Sketched | _____ | 12. ___ ___ |
| PASTEUR | Fastener | _____ | 13. ___ ___ |

___ ___ ___ ___ ___ ___ ___ ___ ___ ___ ___ ___ ___

___ ___ ___ ___ ___ ___ ___ ___ ___ ___ ___ ___ ___

1 2 3 4 5 6 7 8 9 10 11 12 13

# Day 65

## DECODER

ROMANS 12:19

| | 1 | 2 | 3 | 4 | 5 |
|---|---|---|---|---|---|
| 1 | A | K | E | L | T |
| 2 | N | H | F | J | U |
| 3 | I | Y | B | X | G |
| 4 | O | S | M | D | W |
| 5 | R | C | Q | V | P |

44-13-11-51-14-32 33-13-14-41-54-13-44,

11-54-13-21-35-13 21-41-15

32-41-25-51-42-13-14-54-13-42, 33-25-15

51-11-15-22-13-51 35-31-54-13 55-14-11-52-13

25-21-15-41 45-51-11-15-22: 23-41-51 31-15 31-42

45-51-31-15-15-13-21, 54-13-21-35-13-11-21-52-13

31-42 43-31-21-13; 31 45-31-14-14 51-13-55-11-32,

42-11-31-15-22 15-22-13 14-41-51-44.

# Day 66

## ACROSTIC

1 CORINTHIANS 3:17

A set of stairs between floors

___ ___ ___ ___ ___ ___
14 25 37 3 20 7

Sunrise to sunset

___ ___ ___ ___ ___ ___ ___
24 8 30 26 19 2 13

To see something beforehand

___ ___ ___ ___ ___ ___ ___
34 23 43 31 39 4 18

An alternate name

___ ___ ___ ___ ___ ___ ___ ___ ___
38 27 40 10 33 28 16 5 22

A critical study or examination

___ ___ ___ ___ ___ ___ ___ ___
9 35 1 29 15 41 21 11

A male chicken

___ ___ ___ ___ ___ ___ ___
44 12 32 42 6 17 36

37-14 8-16-5 22-8-16 24-43-14-41-25-13

15-20-40 7-4-2-34-25-17 12-14 3-32-33, 20-41-22

9-20-8-25-25 3-28-33 24-13-27-15-23-28-11; 14-28-36

6-20-43 26-40-22-34-25-43 28-14 3-12-24

39-27 20-32-25-30, 18-20-41-35-20

7-40-2-38-25-40 30-13 8-1-13.

# Day 67

## SCRAMBLED CIRCLES

1. LREEVI
2. EGAELIL
3. ETLEPM
4. YCROTUN
5. ELNGA
6. DEHRA
7. ERCOJIE
8. DROHE
9. NROPSI
10. ELRPA
11. DBEAL

Who is like the greatest in heaven?

1. ___ ___ ___ ___ ○ ___
2. ___ ___ ___ ○ ___ ___ ___
3. ○ ___ ___ ___ ___ ___
4. ___ ___ ___ ___ ○ ___ ___
5. ___ ___ ___ ___ ○
6. ___ ○ ___ ___ ___
7. ___ ___ ___ ___ ___ ○ ___
8. ○ ___ ___ ___ ___
9. ___ ___ ○ ___ ___ ___
10. ___ ___ ___ ___ ○
11. ___ ___ ___ ○ ___

Answer: ___ ___ ___ ___ ___ ___  ___ ___ ___ ___ ___

## Day 68

## CRYPTOSCRIPTURES

1. VTRZBW QP GOSOQUVBD, TEG IOTBUM QP RTQE: IBU T FZNTE UATU VOTWOUA UAO DZWG, PAO PATDD IO CWTQPOG.

2. ECU SG VWEXX RCTL HWEH O ED OC HWG DOUVH TY OVNEGX, ECU HWEH O ED HWG XTNU STPN KTU, ECU CTCG GXVG: ECU DS AGTAXG VWEXX CGJGN QG EVWEDGU.

3. GBI CSORO OGMI RBZQ ZUSK, M GK ZUS WTSGI QX AMXS: US ZUGZ EQKSZU ZQ KS OUGAA BSJST URBYST; GBI US ZUGZ WSAMSJSZU QB KS OUGAA BSJST ZUMTOZ.

## Day 69

# SPOTTY HEADLINES

OLD TESTAMENT HEADLINES

1.

**CONNIVING MOTH●R**
**●NOWINGLY H●LPED SON LIE**
**TO F●T●ER FO● ●LESSING**

__ __ __ __ __ __ __

2.

**GOV●RNMENT OFF●CI●L**
**SPEN●S ●IGHT WITH ●IONS**

__ __ __ __ __ __

3.

**●EALOUS ●ING**
**BUILDS ●UGE W●TER TUNNELS**
**UNDERN●AT● B●S●EGED CITY**

__ __ __ __ __ __ __ __

# Day 70

## BIBLE QUOTATION

PSALM 145:1

| | | | | | | | | | |
|---|---|---|---|---|---|---|---|---|---|
| H | Y | O | V | L | O | E | K | X | N |
| R | G | V | T | L | M | S | A | F | Y |
| G | L | A | D | H | E | I | S | W | T |
| L | L | E | N | D | E | E | E | N | O |
| O | E | W | I | E | L | | | I | T |
| I | | | N | A | R | | | M | I |
| | | | E | R | | | | | D |
| | | | B | | | | | | |

# Day 71

## TELEPHONE SCRAMBLES

OLD TESTAMENT PLACES

| ABC 2 | DEF 3 | TUV 8 | GHI 4 | PQRS 7 | GHI 4 | ABC 2 | MNO 6 |
|---|---|---|---|---|---|---|---|

| DEF 3 | ABC 2 | MNO 6 | ABC 2 | PQRS 7 | ABC 2 | TUV 8 | PQRS 7 |
|---|---|---|---|---|---|---|---|

| JKL 5 | DEF 3 | PQRS 7 | GHI 4 | ABC 2 | GHI 4 | MNO 6 |
|---|---|---|---|---|---|---|

| JKL 5 | DEF 3 | PQRS 7 | TUV 8 | PQRS 7 | ABC 2 | JKL 5 | DEF 3 | MNO 6 |
|---|---|---|---|---|---|---|---|---|

| MNO 6 | MNO 6 | ABC 2 | ABC 2 |
|---|---|---|---|

| PQRS 7 | ABC 2 | ABC 2 | ABC 2 | ABC 2 | GHI 4 |
|---|---|---|---|---|---|

| PQRS 7 | ABC 2 | MNO 6 | ABC 2 | PQRS 7 | GHI 4 | ABC 2 |
|---|---|---|---|---|---|---|

# Day 72

## SCRAMBLED CIRCLES

1. BETODR
2. TEBGE
3. CRABHN
4. SITDM
5. NITENEM
6. ROWADT
7. KANET
8. KREBON
9. OPOR

This trade was learned by Jewish boys.

1. ___ ___ ___ ○ ___ ___
2. ___ ○ ___ ___ ___
3. ___ ___ ___ ○ ___ ___
4. ___ ___ ___ ___ ○
5. ___ ○ ___ ___ ___ ___ ___
6. ___ ___ ___ ○ ___ ___
7. ___ ___ ○ ___ ___
8. ___ ___ ___ ___ ○ ___
9. ___ ___ ___ ○

Answer: ___ ___ ___ ___ ___ ___ ___ ___ ___

# Day 73

## DROP TWO

2 CHRONICLES

| | | | |
|---|---|---|---|
| SOMEHOW | Elk | _____ | 1. ___ ___ |
| HOSPICE | Range | _____ | 2. ___ ___ |
| SEAPORT | To talk meaninglessly | _____ | 3. ___ ___ |
| RICHEST | English county | _____ | 4. ___ ___ |
| HATEFUL | Musical instrument | _____ | 5. ___ ___ |
| COUNTRY | Woo | _____ | 6. ___ ___ |
| JUNIPER | Accustom | _____ | 7. ___ ___ |
| STATURE | Begin | _____ | 8. ___ ___ |
| DECODED | Granted | _____ | 9. ___ ___ |
| GRAPHIC | Dept. head | _____ | 10. ___ ___ |
| ELLIPSE | Heaps | _____ | 11. ___ ___ |
| CLIMATE | Assert | _____ | 12. ___ ___ |

| | | | | | | | | | | | |
|---|---|---|---|---|---|---|---|---|---|---|---|
| ___ | ___ | ___ | ___ | ___ | ___ | ___ | ___ | ___ | ___ | ___ | ___ |
| ___ | ___ | ___ | ___ | ___ | ___ | ___ | ___ | ___ | ___ | ___ | ___ |
| 1 | 2 | 3 | 4 | 5 | 6 | 7 | 8 | 9 | 10 | 11 | 12 |

# Day 74

## DECODER

PSALM 27:1

| | 1 | 2 | 3 | 4 | 5 |
|---|---|---|---|---|---|
| 1 | T | L | E | K | A |
| 2 | U | J | F | H | N |
| 3 | G | Z | B | Y | I |
| 4 | W | D | M | S | O |
| 5 | P | V | Q | C | R |

11-24-13 12-45-55-42 35-44 43-34 12-35-31-24-11

15-25-42 43-34 44-15-12-52-15-11-35-45-25;

41-24-45-43 44-24-15-12-12 35 23-13-15-55?

11-24-13 12-45-55-42 35-44 11-24-13

44-11-55-13-25-31-11-24 45-23 43-34 12-35-23-13;

45-23 41-24-45-43 44-24-15-12-12 35 33-13

15-23-55-15-35-42?

# Day 75

## ACROSTIC

PHILIPPIANS 2:14

Continuance of time

| | | | | | | | |
|---|---|---|---|---|---|---|---|
| ___ | ___ | ___ | ___ | ___ | ___ | ___ | ___ |
| 7 | 18 | 13 | 34 | 4 | 39 | 27 | 20 |

Another word for trash

| | | | | | | |
|---|---|---|---|---|---|---|
| ___ | ___ | ___ | ___ | ___ | ___ | ___ |
| 31 | 5 | 40 | 23 | 19 | 11 | 17 |

Unruly and illegal

| | | | | | | |
|---|---|---|---|---|---|---|
| ___ | ___ | ___ | ___ | ___ | ___ | ___ |
| 37 | 12 | 35 | 30 | 42 | 24 | 6 |

Something to be imitated or modeled

| | | | | | | |
|---|---|---|---|---|---|---|
| ___ | ___ | ___ | ___ | ___ | ___ | ___ |
| 21 | 43 | 32 | 14 | 28 | 1 | 9 |

To prove the truth of something

| | | | | | | |
|---|---|---|---|---|---|---|
| ___ | ___ | ___ | ___ | ___ | ___ | ___ |
| 8 | 38 | 3 | 22 | 15 | 33 | 26 |

Agreeable music sounds

| | | | | | | |
|---|---|---|---|---|---|---|
| ___ | ___ | ___ | ___ | ___ | ___ | ___ |
| 2 | 36 | 25 | 41 | 29 | 16 | 10 |

7-38 12-37-1 4-2-15-3-31-24 35-39-4-2-29-18-4

41-18-40-14-18-13-15-16-31-6 32-20-7

7-15-24-28-18-4-39-20-11-6.

# Day 76

## SCRAMBLED CIRCLES

1. SJEUS
2. SDLEMA
3. RDPEAT
4. MITE
5. ECVIEER
6. HRONO
7. MKOIDNG

Many feet meant a dramatic change for this place.

1. ○ _ _ _ _
2. _ _ _ _ ○ _
3. _ _ _ _ ○ _
4. _ ○ _ _
5. _ _ ○ _ _ _ _
6. ○ _ _ _ _
7. _ _ _ _ _ ○ _

Answer: _ _ _ _ _ _ _

# Day 77

## CRYPTOSCRIPTURES

1. GWU SYPX EN MYYX, O NGPYFM WYSX EF GWU XOI YH GPYVKSU; OFX WU JFYLUGW GWUC GWOG GPVNG EF WEC.

2. AZC EY FYQQHDC FYUUHEPFXCPYE DQYFZZK YHC YG OYHQ UYHCV, RHC CVXC JVPFV PL TYYK CY CVZ HLZ YG ZKPGOPET, CVXC PC UXO UPEPLCZQ TQXFZ HECY CVZ VZXQZQL.

3. GVD DUS OHIMHTDST, BUKOU KN DUS UHYX CUHND, BUHI DUS MQDUST BKYY NSPE KP IX PQIS, US NUQYY DSQOU XHV QYY DUKPCN, QPE GTKPC QYY DUKPCN DH XHVT TSISIGTQPOS, BUQDNHSLST K UQLS NQKE VPDH XHV.

# Day 78

## SPOTTY HEADLINES

OLD TESTAMENT HEADLINES

1.

**WEALTHIEST ●AN IS A●S●**
**W●RLD'● M●ST WISE KI●G**

— — — — — — —

2.

**●GYPTIAN FUGITIVE BECO●E●**
**GOD'S CH●●EN LEADER**

— — — — —

3.

**AUTHOR OF**
**TEN COMMAN●MENTS**
**EN●RAVES THEM IN ST●NE**

— — —

# Day 79

## BIBLE QUOTATION

JOHN 6:47

E E R I A Y S V E V
I L Y H T T O A Y R
M N T A A H H U E H
E E L E S T I B N L
I E F O L T O E
V R T H I Y N G
L I V E
U

## Day 80

# TELEPHONE SCRAMBLES

GOD KNOWS OUR. . .

| DEF 3 | DEF 3 | DEF 3 | DEF 3 | PQRS 7 |
|---|---|---|---|---|

| DEF 3 | PQRS 7 | ABC 2 | GHI 4 | JKL 5 | TUV 8 | GHI 4 | DEF 3 | PQRS 7 |
|---|---|---|---|---|---|---|---|---|

| MNO 6 | DEF 3 | DEF 3 | DEF 3 | PQRS 7 |
|---|---|---|---|---|

| PQRS 7 | MNO 6 | PQRS 7 | PQRS 7 | MNO 6 | WXYZ 9 | PQRS 7 |
|---|---|---|---|---|---|---|

| TUV 8 | GHI 4 | MNO 6 | TUV 8 | GHI 4 | GHI 4 | TUV 8 | PQRS 7 |
|---|---|---|---|---|---|---|---|

| WXYZ 9 | MNO 6 | PQRS 7 | DEF 3 | PQRS 7 |
|---|---|---|---|---|

# Day 81

## SCRAMBLED CIRCLES

1. NAMEIF
2. DRUNE
3. NATUT
4. TINYNE
5. ROUNYCT
6. HGIH
7. STETTUSA
8. GISEE

Paul's long preaching caused this person to fall out of a window.

1. ___ ___ ___ ___ ___ ○
2. ○ ___ ___ ___ ___
3. ___ ___ ___ ___ ○
4. ___ ___ ___ ___ ___ ○
5. ○ ___ ___ ___ ___ ___ ___
6. ___ ___ ___ ○
7. ___ ___ ___ ___ ○ ___ ___ ___
8. ○ ___ ___ ___ ___

Answer: ___ ___ ___ ___ ___ ___ ___ ___

# Day 82

## DROP TWO

NEHEMIAH

| | | | |
|---|---|---|---|
| WIDOWER | Eerie | _____ | 1. __ __ |
| FRIGHTS | Hominy | _____ | 2. __ __ |
| GRAVELY | Bolero composer | _____ | 3. __ __ |
| RAVIOLI | Competitor | _____ | 4. __ __ |
| SMASHED | Disgrace | _____ | 5. __ __ |
| TRIFLED | Angry | _____ | 6. __ __ |
| HEROISM | Skinflint | _____ | 7. __ __ |
| READILY | Regularly | _____ | 8. __ __ |
| HIGHEST | Octave | _____ | 9. __ __ |
| ADENOSE | Stupid | _____ | 10. __ __ |
| DUSKIER | Removes wet | _____ | 11. __ __ |
| SLACKEN | Banging sound | _____ | 12. __ __ |
| ENDLESS | Sleighs | _____ | 13. __ __ |

__ __ __ __ __ __ __ __ __ __ __ __ __

__ __ __ __ __ __ __ __ __ __ __ __ __

1 2 3 4 5 6 7 8 9 10 11 12 13

# Day 83

## DECODER

ROMANS 14:8

| | 1 | 2 | 3 | 4 | 5 |
|---|---|---|---|---|---|
| 1 | T | L | E | K | A |
| 2 | U | J | F | H | N |
| 3 | G | Z | B | Y | I |
| 4 | W | D | M | S | O |
| 5 | P | V | Q | C | R |

23-45-55 41-24-13-11-24-13-55 41-13 12-35-52-13,

41-13 12-35-52-13 21-25-11-45 11-24-13

12-45-55-42; 15-25-42 41-24-13-11-24-13-55 41-13

42-35-13, 41-13 42-35-13 21-25-11-45 11-24-13

12-45-55-42: 41-24-13-11-24-13-55 41-13

12-35-52-13 11-24-13-55-13-23-45-55-13, 45-55

42-35-13, 41-13 15-55-13 11-24-13 12-45-55-42'44.

# Day 84

## ACROSTIC

PSALM 23:6

Fear of being in a confined place

__ __ __ __ __ __ __ __ __ __ __ __ __ __

6 45 13 28 21 47 26 7 43 34 11 39 20 4

Faulty

__ __ __ __ __ __ __ __ __

14 46 35 5 44 22 42 12 27

The month after April

__ __ __

15 41 29

A person who indulges in too much food

__ __ __ __ __ __ __

16 30 9 37 19 33 3

To go over something

__ __ __ __ __ __

8 31 24 36 1 17

The second story

__ __ __ __ __ __ __ __

2 38 10 23 32 40 25 18

21-28-26-46-30-29 16-33-11-14-3-31-18-10

13-3-14 15-46-25-44-29 21-34-13-45-30

35-33-30-45-11-17 15-46 32-30-45 22-34-46

14-4-29-21 11-35 15-29 30-20-35-27:

41-3-14 42 17-40-45-30 14-17-5-45-30 36-3

19-34-27 34-11-9-21-27 11-35

23-34-27 30-33-25-14 35-11-26 1-24-31-8.

## Day 85

# SCRAMBLED CIRCLES

1. EPHES
2. CANGNDI
3. EWMNO
4. NNETUIODC
5. PRTUEAC
6. HTENIPSLII

With a little oil, he made David king. Who was he?

1. ○ _ _ _ _
2. _ ○ _ _ _ _ _
3. _ _ ○ _ _
4. _ _ _ _ _ _ ○ _ _
5. _ _ _ _ _ _ ○
6. _ _ _ ○ _ _ _ _ _ _

Answer: _ _ _ _ _ _

# Day 86

## CRYPTOSCRIPTURES

1. DYZ UB ILP LPUNPKB UZP LCVLPZ ILUK ILP PUZIL, BY UZP EX RUXB LCVLPZ ILUK XYWZ RUXB, UKT EX ILYWVLIB ILUK XYWZ ILYWVLIB.

2. MNSWS HNQVV GYM QGK PQG FS QFVS MY HMQGL FSAYWS MNSS QVV MNS LQKH YA MNK VJAS: QH J IQH IJMN PYHSH, HY J IJVV FS IJMN MNSS: J IJVV GYM AQJV MNSS, GYW AYWHQDS MNSS.

3. FRU TDJI RKFR KSSUKJUI DB DTI OYFD PU, VKAXYW, AÛK, X RKCU TDCUI FRUU LXFR KY UCUJTKVFXYW TDCU: FRUJUBDJU LXFR TDCXYWGXYIYUVV RKCU X IJKLY FRUU.

## Day 87

# SPOTTY HEADLINES

OLD TESTAMENT HEADLINES

1.

**PROPHET'S ●OURNEY**
**●INKED TO FI●RY CH●R●OT RIDE**
**UP TO ●EAVEN**

— — — — — —

2.

**●UST KING RE●T●RES**
**●EBREW P●SSOVER TO**
**OR●GINAL SPECIFICATIONS**

— — — — — —

3.

**●RAFTY ●●URNEYMAN**
**WRESTLES WITH ●NGEL AND**
**LIVES TO TELL A●OUT IT**

— — — — —

# Day 88

## BIBLE QUOTATION

HABAKKUH 3:18

| | | | | | | | | | |
|---|---|---|---|---|---|---|---|---|---|
| L | Y | I | I | J | E | L | W | E | R |
| I | O | L | E | H | I | T | C | O | J |
| D | Y | E | T | W | T | I | L | Y | L |
| S | N | D | T | N | I | I | L | N | |
| G | A | R | V | A | O | | H | I | |
| O | | | | O | F | | M | E | |
| | | | | | | | O | | |

# Day 89

## TELEPHONE SCRAMBLES

PRIESTS

| ABC 2 | ABC 2 | PQRS 7 | MNO 6 | MNO 6 |
|---|---|---|---|---|

| ABC 2 | MNO 6 | ABC 2 | MNO 6 | GHI 4 | ABC 2 | PQRS 7 |
|---|---|---|---|---|---|---|

| ABC 2 | MNO 6 | MNO 6 | ABC 2 | PQRS 7 |
|---|---|---|---|---|

| DEF 3 | JKL 5 | GHI 4 |
|---|---|---|

| DEF 3 | WXYZ 9 | PQRS 7 | ABC 2 |
|---|---|---|---|

| JKL 5 | MNO 6 | PQRS 7 | GHI 4 | TUV 8 | ABC 2 |
|---|---|---|---|---|---|

| WXYZ 9 | ABC 2 | ABC 2 | GHI 4 | ABC 2 | PQRS 7 | GHI 4 | ABC 2 | PQRS 7 |
|---|---|---|---|---|---|---|---|---|

## Day 90

# SCRAMBLED CIRCLES

1. NOTES
2. MEYEN
3. GONUY
4. RAWOR
5. TAINSAG
6. TOHUS
7. VALREG
8. GOSUHT
9. RIVEUQ

A place where Jewish people gathered to worship each Sabbath Day.

1. O_ _ _ _
2. _ _ _ _O
3. _ _ _O_
4. O_ _ _ _
5. _O_ _ _ _ _ _
6. _ _O_ _
7. O_ _ _ _ _
8. _ _O_ _ _
9. _ _ _ _O_

Answer: _ _ _ _ _ _ _ _ _

# Day 91

## DROP TWO

PHILEMON

| | | | |
|---|---|---|---|
| NEITHER | Triad | _____ | 1. __ __ |
| ASTRIDE | Soils | _____ | 2. __ __ |
| VARSITY | Wander | _____ | 3. __ __ |
| ETHANOL | Reluctant | _____ | 4. __ __ |
| JACINTH | Links | _____ | 5. __ __ |
| HEIRDOM | Entangled | _____ | 6. __ __ |
| EYELASH | Restraint | _____ | 7. __ __ |
| OBELISK | two-wheelers | _____ | 8. __ __ |
| FLOTSAM | Shakes | _____ | 9. __ __ |
| GREATER | Avid | _____ | 10. __ __ |
| DELIGHT | Legal | _____ | 11. __ __ |

| 1 | 2 | 3 | 4 | 5 | 6 | 7 | 8 | 9 | 10 | 11 |
|---|---|---|---|---|---|---|---|---|---|---|
| __ | __ | __ | __ | __ | __ | __ | __ | __ | __ | __ |
| __ | __ | __ | __ | __ | __ | __ | __ | __ | __ | __ |

# Day 92

## DECODER

EPHESIANS 4:31

| | 1 | 2 | 3 | 4 | 5 |
|---|---|---|---|---|---|
| 1 | T | L | E | K | A |
| 2 | U | J | F | H | N |
| 3 | G | Z | B | Y | I |
| 4 | W | D | M | S | O |
| 5 | P | V | Q | C | R |

12-13-11 15-12-12 33-35-11-11-13-55-25-13-44-44,

15-25-42 41-55-15-11-24, 15-25-42 15-25-31-13-55,

15-25-42 54-12-15-43-45-21-55, 15-25-42

13-52-35-12 44-51-13-15-14-35-25-31, 33-13

51-21-11 15-41-15-34 23-55-45-43 34-45-21,

41-35-11-24 15-12-12 43-15-12-35-54-13.

# Day 93

## ACROSTIC

PROVERBS 22:1

Covered with wet dirt

__ __ __ __ __
12 20 5 17 11

A small green plant with usually three, but sometimes four, leaflets

__ __ __ __ __ __
6 25 21 33 30 8

A male parent

__ __ __ __ __ __
22 29 7 16 26 15

The supposed disembodied spirit of a dead person

__ __ __ __ __
9 31 35 19 2

Not nice

__ __ __ __ __ __ __
10 18 1 13 27 3 24

A person named to receive benefits

__ __ __ __ __ __ __ __ __ __ __
14 28 38 4 37 39 23 40 34 36 32

18 9-35-21-5 10-29-12-26 39-19

36-18-3-27-30-8 3-35 14-4 6-16-21-19-26-38

3-16-29-10 9-36-4-18-3 8-40-23-31-4-19,

18-38-17 25-21-33-40-10-13 22-29-33-21-20-15

36-18-2-27-4-36 7-16-34-10 19-39-25-33-28-36

18-38-17 13-35-25-5.

## Day 94

# SCRAMBLED CIRCLES

1. DZINO
2. TBATEL
3. SRINIG
4. BSTERI
5. SPILNA
6. STHTRNEG
7. TCSHOAIR
8. WTODRA
9. EHTDA

This town was home to a widow and her son who were very glad to have Elijah stay with them.

1. ○ _ _ _ _
2. _ ○ _ _ _ _
3. ○ _ _ _ _ _
4. _ _ _ _ ○ _
5. ○ _ _ _ _ _
6. _ _ _ _ _ _ _ ○
7. _ _ ○ _ _ _ _ _
8. ○ _ _ _ _ _
9. _ _ _ _ ○

Answer: _ _ _ _ _ _ _ _ _

# Day 95

## CRYPTOSCRIPTURES

1. QXKIXGIK HBXQ BI TET UKITILCEZYCI, CBIQ BI YNLX SYNNIT: YZT HBXQ BI SYNNIT, CBIQ BI YNLX FDLCEJEIT: YZT HBXQ BI FDLCEJEIT, CBIQ BI YNLX ANXKEJEIT.

2. UHN SJKSEESDZ QX ZUF EHRQDYIQDODSXX, H YHO! ZUSTSWHTS ZUS KUQEOTSD HW ASD LVZ ZUSQT ZTVXZ VDOST ZUS XUCOHN HW ZUF NQDYX.

3. BAM PYFVFQTQS VYBGG VJQBL B PFSM BWBRAVX XYQ VFA FU CBA, RX VYBGG EQ UFSWRTQA YRC: EZX ZAXF YRC XYBX EGBVJYQCQXY BWBRAVX XYQ YFGH WYFVX RX VYBGG AFX EQ UFSWRTQA.

## Day 96

# TELEPHONE SCRAMBLES

OLD TESTAMENT HEADLINES

1.

**WOMAN H●S FI●ST CHILD W●EN ●HE'S ONE HUNDRED YE●RS OLD**

__ __ __ __ __

2.

**BOY ORDERED TO BE S●CRIF●●ED TO TE●T F●THER**

__ __ __ __ __

3.

**UNGODLY KI●G T●ROW● ●●NY CHILDREN INTO FIR●; L●TER REPENT●**

__ __ __ __ __ __ __ __

# Day 97

## BIBLE QUOTATION

PROVERBS 15:1

| | | | | | | | | | |
|---|---|---|---|---|---|---|---|---|---|
| A | E | E | S | W | A | Y | W | A | E |
| D | S | V | R | O | F | R | R | U | R |
| S | W | N | S | E | T | T | | W | R |
| I | A | H | G | U | R | T | | O | P |
| T | T | | A | T | S | U | | N | N |
| | A | | O | B | I | | | G | R |
| | H | | | | U | | | | |

# Day 98

## TELEPHONE SCRAMBLES

JUDGES

| ABC 2 | ABC 2 | DEF 3 | MNO 6 | MNO 6 |
|---|---|---|---|---|

| DEF 3 | DEF 3 | ABC 2 | MNO 6 | PQRS 7 | ABC 2 | GHI 4 |
|---|---|---|---|---|---|---|

| DEF 3 | GHI 4 | TUV 8 | DEF 3 |
|---|---|---|---|

| GHI 4 | GHI 4 | DEF 3 | DEF 3 | MNO 6 | MNO 6 |
|---|---|---|---|---|---|

| JKL 5 | ABC 2 | GHI 4 | PQRS 7 |
|---|---|---|---|

| MNO 6 | TUV 8 | GHI 4 | MNO 6 | GHI 4 | DEF 3 | JKL 5 |
|---|---|---|---|---|---|---|

| TUV 8 | MNO 6 | JKL 5 | ABC 2 |
|---|---|---|---|

# Day 99

## SCRAMBLED CIRCLES

1. HASGN
2. TOPEHRP
3. TRECSE
4. DOREVEC
5. RENDUKN
6. YMRIES
7. YDOERST

A kind of magic.

1. ___ ___ ___ ○ ___
2. ___ ___ ○ ___ ___ ___ ___
3. ___ ___ ___ ○ ___ ___
4. ○ ___ ___ ___ ___ ___ ___
5. ___ ___ ___ ___ ___ ○ ___
6. ___ ___ ___ ___ ○ ___
7. ___ ___ ___ ___ ___ ___ ○

Answer: ___ ___ ___ ___ ___ ___ ___

# Day 100

## DROP TWO

DEUTERONOMY

| | | | |
|---|---|---|---|
| LEFTIST | Records | _____ | 1. ___ ___ |
| UNHITCH | Overskirt | _____ | 2. ___ ___ |
| OPERATE | Chatter | _____ | 3. ___ ___ |
| BALEFUL | Legend | _____ | 4. ___ ___ |
| EARSHOT | World | _____ | 5. ___ ___ |
| COWHERD | Frightened | _____ | 6. ___ ___ |
| DEVTAILS | Floor cover | _____ | 7. ___ ___ |
| INSTALL | Killed | _____ | 8. ___ ___ |
| SEVENTH | Not odds | _____ | 9. ___ ___ |
| BEASTLY | Sew temporarily | _____ | 10. ___ ___ |
| BACKLOG | Ebony | _____ | 11. ___ ___ |
| APPROVE | Document | _____ | 12. ___ ___ |
| PLEASED | Jumps | _____ | 13. ___ ___ |

| | | | | | | | | | | | | |
|---|---|---|---|---|---|---|---|---|---|---|---|---|
| ___ | ___ | ___ | ___ | ___ | ___ | ___ | ___ | ___ | ___ | ___ | ___ | ___ |
| ___ | ___ | ___ | ___ | ___ | ___ | ___ | ___ | ___ | ___ | ___ | ___ | ___ |
| 1 | 2 | 3 | 4 | 5 | 6 | 7 | 8 | 9 | 10 | 11 | 12 | 13 |

# Day 101

## DECODER

MATTHEW 7:8

| | 1 | 2 | 3 | 4 | 5 |
|---|---|---|---|---|---|
| 1 | T | L | E | K | A |
| 2 | U | J | F | H | N |
| 3 | G | Z | B | Y | I |
| 4 | W | D | M | S | O |
| 5 | P | V | Q | C | R |

23-45-55 13-52-13-55-34 45-25-13 11-24-15-11

15-44-14-13-11-24 55-13-54-13-35-52-13-11-24;

15-25-42 24-13 11-24-15-11 44-13-13-14-13-11-24

23-35-25-42-13-11-24; 15-25-42 11-45 24-35-43

11-24-15-11 14-25-45-54-14-13-11-24 35-11

44-24-15-12-12 33-13 45-51-13-25-13-42.

# Day 102

## ACROSTIC

PROVERBS 17:28

To disguise for the purpose of blending into the background

__ __ __ __ __ __ __ __ __ __
15 33 8 41 13 36 1 25 20 3

The season that comes after autumn

__ __ __ __ __ __
7 21 14 35 17 2

Number of sides in a pentagon

__ __ __ __
39 22 42 29

Joyful

__ __ __ __ __
4 16 9 19 12

Worship

__ __ __ __ __ __ __ __ __
10 26 31 18 38 6 27 34 23

Lacking energy

__ __ __ __ __ __ __ __
5 32 40 28 11 37 30 24

29-42-37-14 38 39-34-41-1, 7-4-37-23 4-37

4-34-5-26-37-6-4 4-22-24 19-3-10-15-29, 21-30

15-41-13-14-35-29-26 7-32-40-37: 10-14-26 4-17

35-4-33-28 30-4-13-35-6-29-28-4 4-32-40

11-27-9-30 27-24 3-30-35-3-17-8-37-26 33

8-16-23 31-39 13-14-26-3-2-40-6-25-14-26-32-14-20.

# Day 103

## SCRAMBLED CIRCLES

1. VAEBO
2. CZRACU
3. TUJNEDGM
4. AWONMRK
5. NIWGILL
6. CEESRIV
7. LBOSW

Wheels and scrolls—a vision for this prophet. Who was he?

1. ___ ___ ___ ___ ○
2. ○ ___ ___ ___ ___ ___
3. ___ ___ ___ ___ ___ ○ ___ ___
4. ___ ___ ___ ○ ___ ___ ___
5. ___ ○ ___ ___ ___ ___ ___
6. ___ ___ ___ ___ ___ ___ ○
7. ___ ___ ___ ○ ___

Answer: ___ ___ ___ ___ ___ ___ ___

## Day 104

# SCRAMBLED CIRCLES

1. EGBAB JD EGZE RZNBEG GJRDBOC AJVG, PBE GZEG YXEGJYF: EGBAB JD EGZE RZNBEG GJRDBOC UXXA, PBE GZEG FABZE AJVGBD.

2. USC CN BUSC HIVH JSP INVMNHI USH KFUUNMK: TGH FL VUW ZVU TN V CSMKIFQQNM SL JSP, VUP PSNHI IFK CFXX, IFZ IN INVMNHI.

3. UOADDAY UA EVY, AIAT FGA CSFGAB VC VHB OVBY KADHD WGBJDF, FGA CSFGAB VC QABWJAD, STY FGA EVY VC SOO WVQCVBF.

# Day 105

## SPOTTY HEADLINES

OLD TESTAMENT HEADLINES

1.

**OVER●EA●OUS QUEEN MURD●RS INNOC●NT P●OPLE AND ●UM●LES RELIGION**

— — — — — — —

2.

**SYRI●N M●N CURED OF LEPROSY AFTER B●THI●G SEVE● TI●ES IN RIVER**

— — — — — —

3.

**KING DIES FROM P●INFUL INCU●ABLE DIS●ASE AS G●D'S ●UST PUNIS●●ENT**

— — — — — — —

# Day 106

## BIBLE QUOTATION

MATTHEW 11:29

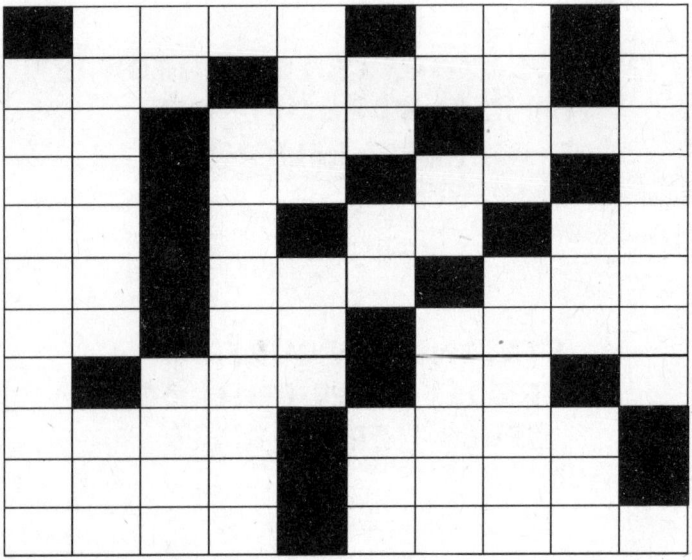

| | | | | | | | | | |
|---|---|---|---|---|---|---|---|---|---|
| O | K | L | K | U | P | M | N | M | E |
| R | R | A | R | N | D | H | E | A | F |
| E | T | S | T | N | S | N | Y | E | S |
| T | K | E | N | D | A | O | N | O | Y |
| O | U | A | I | N | F | M | E | L | Y |
| H | A | U | A | E | D | O | E | D | A |
| L | O | | O | F | U | Y | L | O | R |
| O | N | | L | | | M | T | | W |
| R | Y | | A | | | I | U | | S |
| Y | E | | I | | | | L | | |

# Day 107

## TELEPHONE SCRAMBLES

DEACONS

| MNO 6 | GHI 4 | ABC 2 | ABC 2 | MNO 6 | MNO 6 | PQRS 7 |
|---|---|---|---|---|---|---|

| MNO 6 | GHI 4 | ABC 2 | MNO 6 | JKL 5 | ABC 2 | PQRS 7 |
|---|---|---|---|---|---|---|

| PQRS 7 | ABC 2 | PQRS 7 | MNO 6 | DEF 3 | MNO 6 | ABC 2 | PQRS 7 |
|---|---|---|---|---|---|---|---|

| PQRS 7 | GHI 4 | GHI 4 | JKL 5 | GHI 4 | PQRS 7 |
|---|---|---|---|---|---|

| PQRS 7 | PQRS 7 | MNO 6 | ABC 2 | GHI 4 | MNO 6 | PQRS 7 | TUV 8 | PQRS 7 |
|---|---|---|---|---|---|---|---|---|

| PQRS 7 | TUV 8 | DEF 3 | PQRS 7 | GHI 4 | DEF 3 | MNO 6 |
|---|---|---|---|---|---|---|

| TUV 8 | GHI 4 | MNO 6 | MNO 6 | MNO 6 |
|---|---|---|---|---|

# Day 108

## SCRAMBLED CIRCLES

1. DEBOLH
2. HATWC
3. SALZEUO
4. CEPESA
5. KROBO
6. FRUY
7. SHESA

He smelled bad, but he did live again.

1. ___ ___ ___ ___ ○ ___
2. ___ ○ ___ ___ ___
3. ○ ___ ___ ___ ___ ___ ___
4. ___ ___ ___ ○ ___ ___
5. ___ ○ ___ ___ ___
6. ___ ○ ___ ___
7. ___ ___ ___ ___ ○

Answer: ___ ___ ___ ___ ___ ___ ___

# Day 109

## DROP TWO

2 CORINTHIANS

| | | | |
|---|---|---|---|
| MEDICAL | Sticker | _____ | 1. ___ ___ |
| CLARIFY | Fragile | _____ | 2. ___ ___ |
| GLACIER | Understandable | _____ | 3. ___ ___ |
| PREMIER | Highest grade | _____ | 4. ___ ___ |
| ANGERED | Avarice | _____ | 5. ___ ___ |
| CHATTED | Abhorred | _____ | 6. ___ ___ |
| FEASTED | Help | _____ | 7. ___ ___ |
| SCORPIO | Marines | _____ | 8. ___ ___ |
| RESTFUL | Recorder | _____ | 9. ___ ___ |
| THERMOS | four-base hit | _____ | 10. ___ ___ |
| UNCOUTH | Nobleman | _____ | 11. ___ ___ |
| FEARING | Oats | _____ | 12. ___ ___ |
| FRAGILE | Holy cup | _____ | 13. ___ ___ |

___ ___ ___ ___ ___ ___ ___ ___ ___ ___ ___ ___ ___

___ ___ ___ ___ ___ ___ ___ ___ ___ ___ ___ ___ ___

1 2 3 4 5 6 7 8 9 10 11 12 13

# Day 110

## DECODER

JAMES 1:2

| | 1 | 2 | 3 | 4 | 5 |
|---|---|---|---|---|---|
| 1 | T | L | E | K | A |
| 2 | U | J | F | H | N |
| 3 | G | Z | B | Y | I |
| 4 | W | D | M | S | O |
| 5 | P | V | Q | C | R |

43-34 33-55-13-11-24-55-13-25, 54-45-21-25-11

35-11 15-12-12 22-45-34 41-24-13-25 34-13

23-15-12-12 35-25-11-45 42-35-52-13-55-44

11-13-43-51-11-15-11-35-45-25-44.

# Day 111

## ACROSTIC

PSALM 1:2

To make something beautiful

17 40 45 27 7 21 16 37

To repair

39 38 5 12

Soaked with fluid

9 30 2 24 43 20 34 15 44 42 14

Funeral director

46 32 11 41 49 23 50 8 4 25

A one hundredth anniversary

47 22 48 28 51 10 19 31 1 6

Undecided or doubtful

3 26 35 29 13 18 33 36

17-27-7 3-21-35 11-26-20-29-15-3-2 21-35

31-19 28-3-38 6-50-9 34-16 7-3-22

6-34-25-14; 1-32-11 29-33 3-29-35 20-30-9

12-34-13-3 3-24 39-4-11-21-23-45-13-40

11-18-37 18-48-12 10-29-44-3-36.

Day 112

## SCRAMBLED CIRCLES

1. OBJ
2. EADPPTNOI
3. PRSTOO
4. SRERTOR
5. RISPLAL
6. EBDZEEE
7. TEDXAEL

This is one thing John could do for Jesus.

1. ___ ___○
2. ○___ ___ ___ ___ ___ ___ ___ ___
3. ___ ___ ___ ___○___
4. ○___ ___ ___ ___ ___ ___
5. ___○___ ___ ___ ___ ___
6. ○___ ___ ___ ___ ___ ___
7. ___ ___ ___ ___ ___○___

Answer: ___ ___ ___ ___ ___ ___ ___

# Day 113

## CRYPTOSCRIPTURES

1. L SLV, GRLF ZIG NB SLV; UZIAB DQAA Q HUUO GRUU: NB HLFA GRQIHGUGR TLI GRUU, NB TAUHR ALMSUGR TLI GRUU QM Z VIB ZMV GRQIHGB AZMV, DRUIU ML DZGUI QH.

2. DSP GYKLX CSLWW XYD GPLB DSLD GSTNS ZPBDLTXPDS EXDY L KLX, XPTDSPB CSLWW L KLX ZED YX L GYKLX'C RLBKPXD: QYB LWW DSLD OY CY LBP LMYKTXLDTYX EXDY DSP WYBO DSI RYO.

3. WXL NPC HAZL MWQL OXNA TAMCM, Q FQHH LA NPQM NPQXU WHMA NPWN NPAO PWMN MBAGCX: DAZ NPAO PWMN DAOXL UZWKC QX TI MQUPN, WXL Q GXAF NPCC VI XWTC.

## SPOTTY HEADLINES

OLD TESTAMENT HEADLINES

1.

**BRAVE ●AN L●ADS TH●U●ANDS ON DRY PATH THROUGH ●EA**

— — — — —

2.

**RIGHTEOUS MAN COPES WITH SUDDEN L●SS OF ●UST A●OUT EVERYTHING**

— — —

3.

**●AN ●IV●S TO ●EE HIS NINE H●NDR●D AND SIX●Y-NINT● BIRT●D●Y**

— — — — — — — — — —

# Day 115

## BIBLE QUOTATION

PROVERBS 2:20

| | | | | | | | | | |
|---|---|---|---|---|---|---|---|---|---|
| M | Y | Y | N | F | A | H | W | H | L |
| K | M | I | G | O | H | G | E | U | W |
| A | E | P | T | H | T | N | O | U | D |
| T | H | S | E | S | T | E | O | A | K |
| T | R | A | N | T | F | H | O | P | A |
| E | H | I | O | | T | E | D | O | E |
| | A | E | | | T | | T | | S |

Day 116

# TELEPHONE SCRAMBLES

AUTHORS

| DEF 3 | ABC 2 | TUV 8 | GHI 4 | DEF 3 |
|---|---|---|---|---|

| JKL 5 | MNO 6 | GHI 4 | MNO 6 |
|---|---|---|---|

| JKL 5 | MNO 6 | PQRS 7 | GHI 4 | TUV 8 | ABC 2 |
|---|---|---|---|---|---|

| JKL 5 | TUV 8 | JKL 5 | DEF 3 |
|---|---|---|---|

| MNO 6 | ABC 2 | TUV 8 | TUV 8 | GHI 4 | DEF 3 | WXYZ 9 |
|---|---|---|---|---|---|---|

| PQRS 7 | ABC 2 | MNO 6 | TUV 8 | DEF 3 | JKL 5 |
|---|---|---|---|---|---|

| PQRS 7 | MNO 6 | JKL 5 | MNO 6 | MNO 6 | MNO 6 | MNO 6 |
|---|---|---|---|---|---|---|

# Day 117

## SCRAMBLED CIRCLES

1. DGIAEL
2. EVCINOEL
3. EKLIDN
4. POWIRHS
5. ETNER
6. SOFOR
7. TFREAHR
8. EFRI
9. FILE
10. ANLEONB
11. BADIE

Flowers that grow wild all over Galilee.

1. ___ ___ ○ ___ ___ ___
2. ___ ○ ___ ___ ___ ___ ___ ___
3. ___ ___ ___ ___ ○ ___
4. ___ ___ ___ ___ ___ ○ ___
5. ○ ___ ___ ___ ___
6. ___ ___ ___ ___ ○
7. ○ ___ ___ ___ ___ ___ ___
8. ___ ○ ___ ___
9. ___ ___ ___ ○
10. ○ ___ ___ ___ ___ ___ ___
11. ___ ___ ___ ○ ___

Answer: ___ ___ ___ ___ ___ ___ of the ___ ___ ___ ___ ___

# Day 118

## DROP TWO

PHILIPPIANS

| | | | |
|---|---|---|---|
| ALBANIA | Veranda | _____ | 1. ___ ___ |
| POINTER | Trash | _____ | 2. ___ ___ |
| AVENGER | Novice | _____ | 3. ___ ___ |
| MACHETE | Instruct | _____ | 4. ___ ___ |
| RESPITE | Stumbles | _____ | 5. ___ ___ |
| WHARVES | Apportion | _____ | 6. ___ ___ |
| HAIRNET | Railroad cars | _____ | 7. ___ ___ |
| INDOORS | Hairnet | _____ | 8. ___ ___ |
| CLARIFY | Style | _____ | 9. ___ ___ |
| HANGING | Ripening | _____ | 10. ___ ___ |
| MALARIA | Warning | _____ | 11. ___ ___ |
| FLOTSAM | Parade exhibit | _____ | 12. ___ ___ |
| ASCRIBE | Baby beds | _____ | 13. ___ ___ |

___ ___ ___ ___ ___ ___ ___ ___ ___ ___ ___ ___ ___

___ ___ ___ ___ ___ ___ ___ ___ ___ ___ ___ ___ ___

1 2 3 4 5 6 7 8 9 10 11 12 13

# Day 119

## DECODER

EPHESIANS 6:11

| | 1 | 2 | 3 | 4 | 5 |
|---|---|---|---|---|---|
| 1 | T | L | E | K | A |
| 2 | U | J | F | H | N |
| 3 | G | Z | B | Y | I |
| 4 | W | D | M | S | O |
| 5 | P | V | Q | C | R |

51-21-11 45-25 11-24-13 41-24-45-12-13

15-55-43-45-21-55 45-23 31-45-42, 11-24-15-11

34-13 43-15-34 33-13 15-33-12-13 11-45

44-11-15-25-42 15-31-15-35-25-44-11 11-24-13

41-35-12-13-44 45-23 11-24-13 42-13-52-35-12.

# Day 120

## ACROSTIC

MATTHEW 6:6

Confused

__ __ __ __ __ __ __ __ __ __
42 6 23 35 15 30 1 25 19 31

An impediment

__ __ __ __ __ __ __ __ __
33 24 14 40 22 4 12 36 9

A dentifrice

__ __ __ __ __ __ __ __ __ __
46 10 27 44 34 5 38 26 17 32

A soft, plastic mixture used to hold things together

__ __ __ __ __
11 3 20 29 37

A sudden, brief light

__ __ __ __ __
13 2 21 7 41

The soul

__ __ __ __ __ __
45 28 43 8 39 16

42-3-20 44-34-10-3, 23-33-1-14 46-34-27-3

28-8-21-37-1-45-20, 6-12-46-19-25 39-14-16-10

46-34-37 36-15-27-45-1-29, 21-14-40

23-34-32-14 46-34-10-3 41-21-26-17 26-34-3-16

16-41-37 31-27-10-22, 11-22-4-37 17-27

29-41-37 13-38-20-41-9-8 23-33-43-36-34

24-26 35-14 7-6-36-22-19-29.

# Day 121

## SCRAMBLED CIRCLES

1. SOECMNU
2. LEXTA
3. AEPELRUS
4. NSTERAV
5. EANRWS
6. RHIOPWS
7. RAUPETS

In the beginning, there was nothing to separate the water, until God created it. What was it (NIV)?

1. _ _ _ _ _ _ ○
2. _ ○ _ _ _
3. ○ _ _ _ _ _ _ _
4. _ _ _ _ ○ _ _
5. _ ○ _ _ _ _
6. _ _ _ ○ _ _ _
7. _ _ _ _ _ _ ○

Answer: _ _ _ _ _ _ _

# Day 122

## CRYPTOSCRIPTURES

1. GVRXSV ELV CXHQEPYQO BVSV GSXHDLE RXSEL, XS VWVS ELXH LPFOE RXSCVF ELV VPSEL PQF ELV BXSTF, VWVQ RSXC VWVSTPOEYQD EX VWVSTPOEYQD, ELXH PSE DXF.

2. CIALZI H JTYYBQ RA BETU HY ILYRQBR CTOBJ, HYR ITJ RHNJ WB VQAUAYZBR, NBC JLQBUN T MYAG CIHC TC JIHUU WB GBUU GTCI CIBO CIHC XBHQ ZAR, GITKI XBHQ WBXAQB ITO.

3. IJF OBIRWKXPXE MX FK AJ OKEF KE FXXF, FK ITT AJ RBX JISX KD RBX TKEF VXWQW, CAPAJC RBIJUW RK CKF IJF RBX DIRBXE HM BAS.

# Day 123

## SPOTTY HEADLINES

OLD TESTAMENT HEADLINES

1.

**DIS●BEDIENT PROPHET**
**E●DURES THREE DAYS IN**
**●UMBO FISH'S STOM●C●**

__ __ __ __ __

2.

**WOMAN'S ●NGUIS●ED PRAYERS**
**●●SWERED T●ROUGH**
**BIRTH OF SO●**

__ __ __ __ __ __

3.

**RIG●TEOUS PRI●ST KILLED BY**
**●NTENTION●LLY FO●GETFUL KING**
**AND OVER●E●LOUS ●O●ORTS**

__ __ __ __ __ __ __ __ __

# Day 124

## BIBLE QUOTATION

JUDE 2

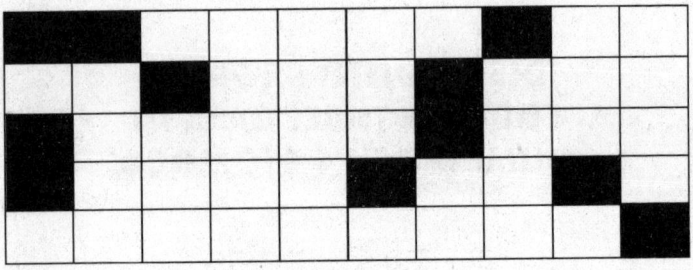

| | | | | | | | | | |
|---|---|---|---|---|---|---|---|---|---|
| U | O | E | A | R | U | B | A | N | N |
| T | P | O | V | O | E | Y | E | N | D |
| | L | M | E | C | L | I | E | D | M |
| | L | T | I | E | C | | A | U | D |
| | | | Y | P | | | | | |

# Day 125

## TELEPHONE SCRAMBLES

BOOKS OF THE OLD TESTAMENT

| DEF 3 | ABC 2 | MNO 6 | GHI 4 | DEF 3 | JKL 5 |
|---|---|---|---|---|---|

| DEF 3 | PQRS 7 | TUV 8 | GHI 4 | DEF 3 | PQRS 7 |
|---|---|---|---|---|---|

| GHI 4 | DEF 3 | MNO 6 | DEF 3 | PQRS 7 | GHI 4 | PQRS 7 |
|---|---|---|---|---|---|---|

| JKL 5 | DEF 3 | PQRS 7 | DEF 3 | MNO 6 | GHI 4 | ABC 2 | GHI 4 |
|---|---|---|---|---|---|---|---|

| MNO 6 | TUV 8 | MNO 6 | ABC 2 | DEF 3 | PQRS 7 | PQRS 7 |
|---|---|---|---|---|---|---|

| PQRS 7 | PQRS 7 | MNO 6 | TUV 8 | DEF 3 | PQRS 7 | ABC 2 | PQRS 7 |
|---|---|---|---|---|---|---|---|

| PQRS 7 | PQRS 7 | ABC 2 | JKL 5 | MNO 6 | PQRS 7 |
|---|---|---|---|---|---|

## Day 126

# SCRAMBLED CIRCLES

1. EISNNCE
2. DANME
3. NGLAE
4. RTLEVO
5. DUBENR
6. TPRAUER
7. IANTON
8. OWYLHL
9. DFNREI

An important Roman army officer.

1. _ _ ○ _ _ _ _
2. _ _ ○ _ _
3. _ _ _ _ ○
4. _ _ _ _ _ ○
5. _ ○ _ _ _ _
6. _ _ _ _ _ ○ _
7. _ _ _ ○ _ _
8. _ _ ○ _ _ _
9. _ _ _ _ ○ _

Answer: _ _ _ _ _ _ _ _ _

# Day 127

## DROP TWO

2 THESSALONIANS

| | | | |
|---|---|---|---|
| HURTLED | Attracted | _____ | 1. ___ ___ |
| HEARTEN | Devoured | _____ | 2. ___ ___ |
| GREASED | Pulls | _____ | 3. ___ ___ |
| RESPOND | Modeled | _____ | 4. ___ ___ |
| ENDLESS | Lets borrow | _____ | 5. ___ ___ |
| FEASTED | Alleviated | _____ | 6. ___ ___ |
| BEGONIA | Commence | _____ | 7. ___ ___ |
| FLANKER | Chip | _____ | 8. ___ ___ |
| EPISODE | Bearing | _____ | 9. ___ ___ |
| FIBSTER | Sacraments | _____ | 10. ___ ___ |
| BARRING | Carry | _____ | 11. ___ ___ |
| REVISED | Operate vehicle | _____ | 12. ___ ___ |
| FLATTER | Signal light | _____ | 13. ___ ___ |

| | | | | | | | | | | | | |
|---|---|---|---|---|---|---|---|---|---|---|---|---|
| ___ | ___ | ___ | ___ | ___ | ___ | ___ | ___ | ___ | ___ | ___ | ___ | ___ |
| ___ | ___ | ___ | ___ | ___ | ___ | ___ | ___ | ___ | ___ | ___ | ___ | ___ |
| 1 | 2 | 3 | 4 | 5 | 6 | 7 | 8 | 9 | 10 | 11 | 12 | 13 |

# Day 128

## DECODER

PSALM 4:2

| | 1 | 2 | 3 | 4 | 5 |
|---|---|---|---|---|---|
| 1 | T | L | E | K | A |
| 2 | U | J | F | H | N |
| 3 | G | Z | B | Y | I |
| 4 | W | D | M | S | O |
| 5 | P | V | Q | C | R |

45 34-13 44-45-25-44 45-23 43-13-25,

24-45-41 12-45-25-31 41-35-12-12 34-13

11-21-55-25 43-34 31-12-45-55-34 35-25-11-45

44-24-15-43-13? 24-45-41 12-45-25-31 41-35-12-12

34-13 12-45-52-13 52-15-25-35-11-34, 15-25-42

44-13-13-14 15-23-11-13-55 12-13-15-44-35-25-31?

# Day 129

## ACROSTIC

PROVERBS 25:11

A close acquaintance

26 3 20 13 33 6

Existing only in one's head

12 21 1 34 31 17 28 22 7

An abbreviation for the state of which Salt Lake City is the capital

5 8

A clasp for fastening a strap or belt

27 14 29 9 23 32

Wet, marshy land

10 24 15 2 19

One who makes or sells gloves

4 16 18 30 11 25

15 24-18-22-6 26-12-8-23-7 10-19-18-9-11-33

31-10 23-20-9-11 1-19-19-23-13-10 18-26

4-18-23-6 31-17 19-12-29-8-14-25-13-10 18-26

10-12-16-30-13-3.

## Day 130

# SCRAMBLED CIRCLES

1. NAEET
2. EBSON
3. ETLEBRIR
4. RHTHAE
5. SRUIOGEHT
6. EOCRNDAIN
7. YEMEN

This righteous man had a difficult time with fear.

1. __○__ __ __
2. ○__ __ __ __
3. __ __○__ __ __ __ __
4. __ __○__ __ __
5. __ __ __○__ __ __ __ __
6. __ __ __ __ __○__ __ __
7. __ __ __○__

Answer: __ __ __ __ __ __ __

# Day 131

## CRYPTOSCRIPTURES

1. BGF RYWP HDYAFBG GYA BY PFRTUFW BGF OYPRI YSB YV BFLKBMBTYDJ, MDP BY WFJFWUF BGF SDNSJB SDBY BGF PMI YV NSPOLFDB BY EF KSDTJGFP.

2. QAAS CYFIDAGBAD ZU MJA GYBA YX TYL, GYYQZUT XYI MJA RAIEC YX YFI GYIL VADFD EJIZDM FUMY AMAIUOG GZXA.

3. JKT LHOFO CWWPZKR FBWK SEHX OJZSE, MZSE XHK ZS ZO ZXBWOOZVCH, VFS KWS MZSE RWT: NWI MZSE RWT JCC SEZKRO JIH BWOOZVCH.

# Day 132

## SPOTTY HEADLINES

OLD TESTAMENT HEADLINES

1.

**W●AK MAN SUB●UES**
**MI●HTY ARMY W●TH ●NLY**
**THREE HU●DRED MEN**

— — — — — —

2.

**DA●●LING KI●G ●●M●L●D**
**AND FOR●E● TO**
**E●T G●●SS LIK● OXE●**

— — — — — — — — — — — — — —

3.

**GO● CHOOSES**
**S●NGING SHEPHER● TO**
**BECOME F●●ORED KING**

— — — — —

# Day 133

## BIBLE QUOTATION

PSALM 76:4

| | | | | | | | | | |
|---|---|---|---|---|---|---|---|---|---|
| X | O | T | A | L | A | G | D | M | T |
| H | C | O | E | T | E | N | T | O | O |
| I | A | U | H | O | U | N | A | O | T |
| U | M | E | L | E | N | S | L | R | R |
| | P | N | R | I | H | E | | | F |
| | N | T | S | Y | | | | | E |
| | | R | | | | | | | |

Day 134

# TELEPHONE SCRAMBLES

## FOODS IN THE NEW TESTAMENT

| ABC 2 | MNO 6 | GHI 4 | PQRS 7 | DEF 3 |
|---|---|---|---|---|

| TUV 8 | DEF 3 | ABC 2 | JKL 5 |
|---|---|---|---|

| DEF 3 | GHI 4 | PQRS 7 | GHI 4 |
|---|---|---|---|

| MNO 6 | GHI 4 | MNO 6 | TUV 8 |
|---|---|---|---|

| MNO 6 | TUV 8 | PQRS 7 | TUV 8 | ABC 2 | PQRS 7 | DEF 3 |
|---|---|---|---|---|---|---|

# Day 135

## SCRAMBLED CIRCLES

1. DLOBO
2. ODWIW
3. REWAS
4. SDTU
5. SYFLALE
6. NSDTA
7. SACEU
8. YGPLNIA
9. LEPEPO
10. EECEUTX
11. URODN

A celebration to help us remember all that the Lord has done for us.

1. __O__ __ __
2. __ __ __O__
3. __ __ __ __O
4. O__ __ __
5. __ __ __O__ __ __
6. O__ __ __ __
7. __ __O__ __
8. O__ __ __ __ __ __
9. __ __ __O__ __
10. __ __ __ __ __ __O
11. O__ __ __ __

Answer: The __ __ __ __'__ __ __ __ __ __ __

# Day 136

## DROP TWO

PROVERBS

| | | | |
|---|---|---|---|
| GARFISH | Expositions | _____ | 1. ___ ___ |
| ORATION | Educate | _____ | 2. ___ ___ |
| TROUPER | Cowboy | _____ | 3. ___ ___ |
| SUCROSE | Oath | _____ | 4. ___ ___ |
| MANTLES | Resources | _____ | 5. ___ ___ |
| HUMERAL | Kingdom | _____ | 6. ___ ___ |
| GRAINED | Outflow | _____ | 7. ___ ___ |
| GOADING | Acting | _____ | 8. ___ ___ |
| ALCORAN | Pink | _____ | 9. ___ ___ |
| GREATER | Concur | _____ | 10. ___ ___ |
| DRAFTED | Succeeded | _____ | 11. ___ ___ |

| | | | | | | | | | | |
|---|---|---|---|---|---|---|---|---|---|---|
| ___ | ___ | ___ | ___ | ___ | ___ | ___ | ___ | ___ | ___ | ___ |
| ___ | ___ | ___ | ___ | ___ | ___ | ___ | ___ | ___ | ___ | ___ |
| 1 | 2 | 3 | 4 | 5 | 6 | 7 | 8 | 9 | 10 | 11 |

# Day 137

## DECODER

1 CORINTHIANS 10:14

| | 1 | 2 | 3 | 4 | 5 |
|---|---|---|---|---|---|
| 1 | T | L | E | K | A |
| 2 | U | J | F | H | N |
| 3 | G | Z | B | Y | I |
| 4 | W | D | M | S | O |
| 5 | P | V | Q | C | R |

41-24-13-55-13-23-45-55-13,  43-34

42-13-15-55-12-34  33-13-12-45-52-13-42,

23-12-13-13  23-55-45-43  35-42-45-12-15-11-55-34.

# Day 138

## ACROSTIC

PSALM 12:6

To be involved in

__ __ __ __ __ __ __ __ __ __ __

16 38 26 17 36 48 1 43 9 34 24

An exciting undertaking

__ __ __ __ __ __ __ __ __

47 3 37 44 18 25 2 49 12

Perfect

__ __ __ __ __ __ __ __

19 46 27 13 42 8 40 33

To grumble

__ __ __ __ __ __

29 35 10 28 5 20

The real thing

__ __ __ __ __ __ __ __ __

4 22 31 11 45 14 7 21 39

Directed forward

__ __ __ __ __ __

15 30 32 41 23 6

17-11-8 13-15-26-3-40 15-19 7-11-44

42-15-49-3 41-20-5 43-35-20-8 32-15-49-3-33:

9-40 40-1-46-37-12-49 25-23-21-45-6 36-14 27

19-2-49-30-4-39-45 15-19 24-38-20-31-11,

16-22-26-21-19-36-8-6 33-5-37-8-18

10-21-29-8-40.

# Day 139

## SCRAMBLED CIRCLES

1. HJAEIRME
2. OTERULB
3. KSAPE
4. RNHEEIT
5. DBLUI
6. HTSAIRSH

This son of Nun took control of a nation.

1. ○ _ _ _ _ _ _ _
2. _ _ ○ _ _ _ _
3. ○ _ _ _ _
4. _ _ _ _ ○ _ _
5. _ ○ _ _ _
6. _ ○ _ _ _ _ _ _

Answer: _ _ _ _ _ _

# Day 140

## CRYPTOSCRIPTURES

1. DM DJ NZZS MUKM K PKQ JUZEHS YZMU UZRF KQS LEDFMHV CKDM XZA MUF JKHTKMDZQ ZX MUF HZAS.

2. RNY BEC IOV NR BEC WNYI UM QCOY JZNQ OWW BEC ECOBECQ: OM BENJ EOMB INQC, UB MEOWW LC INQC JQBN BECC: BEV YCHOYI MEOWW YCBJYQ JZNQ BEUQC NHQ ECOI.

3. RSM FOAX AX HAKW WFWNSRH, FORF FOWU TACOF VSQB FOWW FOW QSHU FNLW CQM, RSM IWXLX YONAXF, BOQT FOQL ORXF XWSF.

Day 141

## SPOTTY HEADLINES

OLD TESTAMENT HEADLINES

1.

**INNOCEN● LA●D●WNER MURDERED FOR ●IS ●E●UTIFUL PLOT OF LAND**

— — — — — —

2.

**M●N'S DONKEY ST●RTS SCO●DING HI● IN HE●REW LANGU●GE**

— — — — — —

3.

**●EALOUS EX-CAPTIVE T●ACES LIN●AGE BACK TO HIGH PRIEST ●ARON**

— — — —

# Day 142

## BIBLE QUOTATION

LUKE 14:11

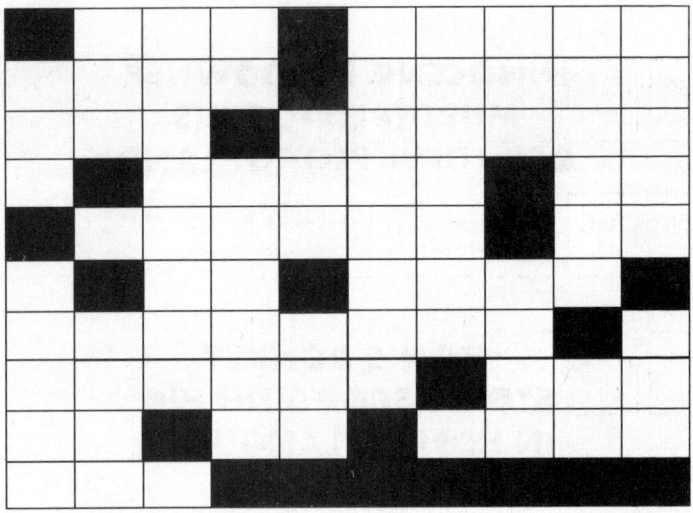

| | | | | | | | | | |
|---|---|---|---|---|---|---|---|---|---|
| D | F | O | A | H | W | X | H | S | O |
| H | V | E | E | A | E | M | S | L | T |
| I | T | H | B | L | I | L | A | E | L |
| E | U | S | R | E | L | E | O | H | A |
| E | M | D | H | S | E | H | A | A | L |
| F | L | B | R | L | T | D | X | A | E |
| L | A | H | E | | E | H | S | T | N |
| T | E | S | B | | F | T | | B | H |
| | | M | | | | | | | |

# Day 143

## TELEPHONE SCRAMBLES

MOUNTAINS

| ABC 2 | PQRS 7 | ABC 2 | PQRS 7 | ABC 2 | TUV 8 |
|---|---|---|---|---|---|

| ABC 2 | ABC 2 | PQRS 7 | MNO 6 | DEF 3 | JKL 5 |
|---|---|---|---|---|---|

| GHI 4 | MNO 6 | PQRS 7 |
|---|---|---|

| GHI 4 | MNO 6 | PQRS 7 | DEF 3 | ABC 2 |
|---|---|---|---|---|

| MNO 6 | MNO 6 | PQRS 7 | GHI 4 | ABC 2 | GHI 4 |
|---|---|---|---|---|---|

| MNO 6 | JKL 5 | GHI 4 | TUV 8 | DEF 3 |
|---|---|---|---|---|

| PQRS 7 | GHI 4 | MNO 6 | ABC 2 | GHI 4 |
|---|---|---|---|---|

# Day 144

## SCRAMBLED CIRCLES

1. SHTTRI
2. WSSRHEO
3. IEASR
4. NPLTA
5. WYAA
6. RJECET
7. EORPRSP
8. NAGHEC
9. NGKIS

It was because of this that Paul ended up on the island of Melita.

1. ___ ___ ___ ___ ○ ___
2. ___ ○ ___ ___ ___ ___ ___
3. ___ ___ ○ ___ ___
4. ○ ___ ___ ___ ___
5. ___ ○ ___ ___
6. ○ ___ ___ ___ ___ ___
7. ___ ___ ___ ___ ___ ○ ___
8. ○ ___ ___ ___ ___ ___
9. ○ ___ ___ ___ ___

Answer: ___ ___ ___ ___ ___ ___ ___ ___ ___

# Day 145

## DROP TWO

ECCLESIASTES

| | | | |
|---|---|---|---|
| CLOTHES | Nearby | _____ | 1. ___ ___ |
| OPALINE | Not fancy | _____ | 2. ___ ___ |
| DECLARE | Tied shoes | _____ | 3. ___ ___ |
| REVOLVE | Sweetheart | _____ | 4. ___ ___ |
| CEILING | Adhere | _____ | 5. ___ ___ |
| DESSERT | Horse | _____ | 6. ___ ___ |
| ANALYST | Diagonal | _____ | 7. ___ ___ |
| STALEST | Slightest | _____ | 8. ___ ___ |
| INSHORE | Found in varnish | _____ | 9. ___ ___ |
| ALGERIA | Royal | _____ | 10. ___ ___ |
| SINGLED | Move smoothly | _____ | 11. ___ ___ |
| GUNSHOT | Shift | _____ | 12. ___ ___ |
| INSTANT | Discolor | _____ | 13. ___ ___ |

___ ___ ___ ___ ___ ___ ___ ___ ___ ___ ___ ___ ___

___ ___ ___ ___ ___ ___ ___ ___ ___ ___ ___ ___ ___

1 2 3 4 5 6 7 8 9 10 11 12 13

# Day 146

## DECODER

PSALM 24:9

| | 1 | 2 | 3 | 4 | 5 |
|---|---|---|---|---|---|
| 1 | T | U | G | W | P |
| 2 | L | J | Z | D | V |
| 3 | E | F | B | M | Q |
| 4 | K | H | Y | S | C |
| 5 | A | N | I | O | R |

21-53-32-11 12-15 43-54-12-55 42-31-51-24-44,

54 43-31 13-51-11-31-44; 31-25-31-52

21-53-32-11 11-42-31-34 12-15, 43-31

31-25-31-55-21-51-44-11-53-52-13 24-54-54-55-44;

51-52-24 11-42-31 41-53-52-13 54-32

13-21-54-55-43 44-42-51-21-21 45-54-34-31

53-52.

# Day 147

## ACROSTIC

COLOSSIANS 3:16

An elected official

___ ___ ___ ___ ___ ___ ___ ___ ___ ___
6 29 11 37 27 40 34 3 17 22

To twist and whirl

___ ___ ___ ___ ___
18 4 15 10 36

Word endings that sound alike

___ ___ ___ ___ ___
30 16 26 5 38

A container for restaurant leftovers

___ ___ ___ ___ ___ ___ ___ ___ ___
12 28 7 21 32 2 13 23 35

To rotate

___ ___ ___ ___
1 8 14 24

To fail to remember

___ ___ ___ ___ ___ ___
25 9 33 20 39 31

36-38-27 1-16-39 4-28-30-12 9-25

34-16-30-37-18-31 12-4-2-11-36 32-24 26-29-8

10-15-34-16-11-26 40-22 17-36-11

4-40-18-12-9-5; 27-39-17-34-16-32-24-7 23-22-12

17-12-5-29-22-3-18-16-3-24-20 29-24-39 17-22-28-1-16-2-30

40-22 6-18-17-36-5-18 17-22-12 16-26-5-24-18

23-22-12 18-6-37-14-15-31-8-17-11 18-28-24-35-18.

# Day 148

## SCRAMBLED CIRCLES

1. SWSIELNDRE
2. YCROTUN
3. TWHAE
4. TWHEGI
5. RMEREMEB
6. RLDO
7. EBTRALEC
8. OZNI

This couple fell in love on a threshing floor.

1. _ _ _ _ _ O _ _ _ _
2. _ _ O _ _ _ _
3. _ _ _ _ O
4. _ _ _ _ O _
5. _ _ _ _ _ O _ _
6. _ O _ _
7. _ _ O _ _ _ _ _
8. O _ _ _

Answer: _ _ _ _ and _ _ _ _

# Day 149

## CRYPTOSCRIPTURES

1. W UPRTYN NRUYUATYU, NRDN, AWYJN TA DII, JLBBIWMDNWTCJ, BYDHUYJ, WCNUYMUJJWTCJ, DCK ZWFWCZ TA NRDCOJ, QU GDKU ATY DII GUC.

2. CRTFQRY, JFTTFG WFK KPLK GPNSP NX RQNT, CDK KPLK GPNSP NX EFFY. PR KPLK YFRKP EFFY NX FJ EFY: CDK PR KPLK YFRKP RQNT PLKP WFK XRRW EFY.

3. TNO JQI ONP NT JQI HUDXIP EQKFF SNJ OIEJ MWNS JQI FNJ NT JQI OUBQJINME; FIEJ JQI OUBQJINME WMJ TNOJQ JQIUO QKSPE MSJN USUYMUJR.

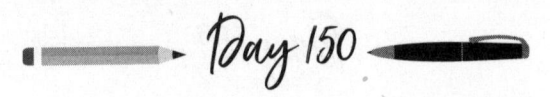


## SPOTTY HEADLINES

OLD TESTAMENT HEADLINES

1.

**EX-SPY RE●EIV●S PORTION OF ●EAUTIFUL PROMISED ●●ND**

__ __ __ __ __

2.

**IMMORA● WOMAN TRICKS JU●GE ●NTO REVE●●ING S●CRET STRENGT●**

__ __ __ __ __ __ __

3.

**MAN TW●CE CHALLE●●ES GOD TO ●EWDR●P T●STS**

__ __ __ __ __ __

# Day 151

## BIBLE QUOTATION

HEBREWS 13:8

| | | | | | | | | | |
|---|---|---|---|---|---|---|---|---|---|
| M | E | Y | Y | U | S | E | T | O | O |
| A | Y | E | A | T | D | T | C | F | A |
| D | A | T | S | E | N | D | E | S | D |
| I | J | E | V | N | S | | | R | R |
| R | S | | | A | H | | | H | |
| | | | | E | R | | | | |

Day 152

# TELEPHONE SCRAMBLES

## PEOPLE OF THE OLD TESTAMENT

| ABC 2 | ABC 2 | PQRS 7 | MNO 6 | MNO 6 |
|---|---|---|---|---|

| DEF 3 | ABC 2 | TUV 8 | GHI 4 | DEF 3 |
|---|---|---|---|---|

| DEF 3 | JKL 5 | GHI 4 | JKL 5 | ABC 2 | GHI 4 |
|---|---|---|---|---|---|

| DEF 3 | JKL 5 | GHI 4 | PQRS 7 | GHI 4 | ABC 2 |
|---|---|---|---|---|---|

| JKL 5 | ABC 2 | ABC 2 | MNO 6 | ABC 2 |
|---|---|---|---|---|

| MNO 6 | MNO 6 | PQRS 7 | DEF 3 | PQRS 7 |
|---|---|---|---|---|

| PQRS 7 | MNO 6 | JKL 5 | MNO 6 | MNO 6 | MNO 6 | MNO 6 |
|---|---|---|---|---|---|---|

# Day 153

## SCRAMBLED CIRCLES

1. NTPROOI
2. YAMRR
3. EGRTOF
4. UBTEAY
5. EREMREMB
6. LPSERKNI
7. FRIEG

A story that theaches a lesson.

1. ○ _ _ _ _ _ _
2. _ ○ _ _ _
3. _ _ ○ _ _ _
4. _ _ ○ _ _ _
5. _ _ _ _ _ ○ _ _
6. _ _ _ _ _ _ ○ _
7. _ _ _ ○ _

Answer: _ _ _ _ _ _ _

# Day 154

## DROP TWO

PSALMS

| | | | |
|---|---|---|---|
| FITMENT | Pretense | _____ | 1. __ __ |
| HONESTY | Rock | _____ | 2. __ __ |
| HOSTILE | Panel part | _____ | 3. __ __ |
| USHERED | Tear into strips | _____ | 4. __ __ |
| AGAINST | Bite | _____ | 5. __ __ |
| FINLAND | Last | _____ | 6. __ __ |
| COWERED | Doctrine | _____ | 7. __ __ |
| INITIAL | Dead language | _____ | 8. __ __ |
| CHASTEN | Pursue | _____ | 9. __ __ |
| FREIGHT | Sorrow | _____ | 10. __ __ |
| TROUBLE | Speak out | _____ | 11. __ __ |
| CESSION | Breakfast roll | _____ | 12. __ __ |
| SCARLET | Frighten | _____ | 13. __ __ |

| | | | | | | | | | | | | |
|---|---|---|---|---|---|---|---|---|---|---|---|---|
| __ | __ | __ | __ | __ | __ | __ | __ | __ | __ | __ | __ | __ |
| __ | __ | __ | __ | __ | __ | __ | __ | __ | __ | __ | __ | __ |
| 1 | 2 | 3 | 4 | 5 | 6 | 7 | 8 | 9 | 10 | 11 | 12 | 13 |

# Day 155

## DECODER

1 CORINTHIANS 9:22

| | 1 | 2 | 3 | 4 | 5 |
|---|---|---|---|---|---|
| 1 | T | U | G | W | P |
| 2 | L | J | Z | D | V |
| 3 | E | F | B | M | Q |
| 4 | K | H | Y | S | C |
| 5 | A | N | I | O | R |

11-54 11-42-31 14-31-51-41 33-31-45-51-34-31

53 51-44 14-31-51-41, 11-42-51-11 53

34-53-13-42-11 13-51-53-52 11-42-31 14-31-51-41:

53 51-34 34-51-24-31 51-21-21 11-42-53-52-13-44

11-54 51-21-21 34-31-52, 11-42-51-11 53

34-53-13-42-11 33-43 51-21-21 34-31-51-52-44

44-51-25-31 44-54-34-31.

# Day 156

## ACROSTIC

PSALM 13:6

Jekyll and. . .

___ ___ ___ ___
30 4 18 9

To struggle with something

___ ___ ___ ___ ___ ___ ___
17 8 24 3 32 15 11

A bison

___ ___ ___ ___ ___ ___ ___
25 16 26 5 35 23 31

Humid

___ ___ ___ ___ ___
28 2 10 36 19

Relating to times long past

___ ___ ___ ___ ___ ___ ___
14 1 20 12 33 7 27

Of herbs

___ ___ ___ ___ ___ ___
6 29 22 13 21 34

12 17-12-23-15 3-12-1-10 2-1-27-31 27-6-29

34-31-8-18, 13-11-20-35-16-3-11 30-33

6-14-32-30 18-9-21-23-27

25-31-16-7-27-12-5-16-15-34-4 17-12-27-6 28-24.

# Day 157

## SCRAMBLED CIRCLES

1. AGTRE
2. EHOSSR
3. SLJUEOA
4. DTIMS
5. MJEELRAUS
6. TPELMUM
7. SHTOS

He should have ducked. Who was he?

1. ○ _ _ _ _
2. _ ○ _ _ _ _
3. _ _ _ ○ _ _ _
4. _ ○ _ _ _
5. _ _ _ _ _ ○ _ _ _
6. _ _ _ _ _ _ ○
7. ○ _ _ _ _

Answer: _ _ _ _ _ _ _

# Day 158

## CRYPTOSCRIPTURES

1. JLU WV GLX D FDG, XQDX QR VQLBKU KWR; GRWXQRS XQR VLG LE FDG, XQDX QR VQLBKU SRARGX: QDXQ QR VDWU, DGU VQDKK QR GLX UL WX? LS QDXQ QR VALPRG, DGU VQDKK QR GLX FDPR WX JLLU?

2. SWK RENY LWUYK KLWYWZEYW DW TWYZWJK BQKL KLW SEYO ENY FEO, KE BUSX QV LQC CKUKNKWC, UVO KE XWWT LQC JEAAUVOAWVKC, UC UK KLQC OUR.

3. PU KZPQJ JQJLE HJ ZBQFGE, FPOJ ZPL HGJNC KD JNK; NQC PU ZJ HJ KZPGVKE, FPOJ ZPL INKJG KD CGPQA.

# Day 159

## SPOTTY HEADLINES

OLD TESTAMENT HEADLINES

1.

**WOMAN DRIVES**
**WOODEN P●G ●UST THROUGH**
**S●EEPING ENEMY'S HE●D**

— — — —

2.

**RUL●R PU●●LED ●Y**
**MY●TE●IOUS ●●ND WRITING**
**ON THE W●L●**

— — — — — — — — — —

3.

**●ABITUALLY STUBBORN**
**EGY●TI●N ●ULER ●ASN'T LET**
**GOD'S PE●PLE LE●VE**

— — — — — — —

# Day 160

## BIBLE QUOTATION

JAMES 1:8

| | | | | | | | | | |
|---|---|---|---|---|---|---|---|---|---|
| M | I | S | D | O | D | S | T | E | B |
| H | E | N | I | E | N | A | L | A | N |
| L | A | S | D | U | U | B | L | L | |
| | I | | | N | A | Y | S | A | |
| | I | | | W | | | M | | |

# Day 161

## TELEPHONE SCRAMBLES

HEAVEN IS A PLACE OF. . .

| ABC 2 | MNO 6 | GHI 4 | DEF 3 | JKL 5 | PQRS 7 |
|---|---|---|---|---|---|

| ABC 2 | DEF 3 | ABC 2 | TUV 8 | TUV 8 | WXYZ 9 |
|---|---|---|---|---|---|

| DEF 3 | TUV 8 | DEF 3 | PQRS 7 | MNO 6 | GHI 4 | TUV 8 | WXYZ 9 |
|---|---|---|---|---|---|---|---|

| GHI 4 | MNO 6 | JKL 5 | GHI 4 | MNO 6 | DEF 3 | PQRS 7 | PQRS 7 |
|---|---|---|---|---|---|---|---|

| JKL 5 | MNO 6 | WXYZ 9 |
|---|---|---|

| PQRS 7 | DEF 3 | PQRS 7 | DEF 3 | DEF 3 | ABC 2 | TUV 8 | GHI 4 | MNO 6 | MNO 6 |
|---|---|---|---|---|---|---|---|---|---|

| TUV 8 | MNO 6 | GHI 4 | TUV 8 | WXYZ 9 |
|---|---|---|---|---|

# Day 162

## CRYPTOSCRIPTURES

1. HKB WJB UHBY MDY LVQUHUYKM, HKB BVIVBYB MDY XHMYQG XDVPD XYQY CKBYQ MDY LVQUHUYKM LQJU MDY XHMYQG XDVPD XYQY HRJIY MDY LVQUHUYKM: HKB VM XHG GJ.

2. SAL INR JWQY ZGRU: SAL RYSM USY S FMAAHAZ NMAIRG, S PSA WB INR BHRXL; SAL TSFWJ USY S KXSHA PSA, LURXXHAZ HA IRAIY.

3. GE VBDL PUDFHEV UDV FBGV TE VBH FGM DX VBH EQTYTV, UDY BDF VBH NDUHE SD OYDF TU VBH FDJN DX BHY VBGV TE FTVB ABTCS: HRHU ED VBDL PUDFHEV UDV VBH FDYPE DX ODS FBD JGPHVB GCC.

# Day 163

## DROP TWO

EPHESIANS

| | | | |
|---|---|---|---|
| CHARITY | Dept. head | _____ | 1. ___ ___ |
| HEADMAN | Titled | _____ | 2. ___ ___ |
| SMARTEN | Streetcars | _____ | 3. ___ ___ |
| BLADDER | Leaf of grass | _____ | 4. ___ ___ |
| ELEANOR | Find out | _____ | 5. ___ ___ |
| GENTIAN | Representative | _____ | 6. ___ ___ |
| RICKETS | Magic | _____ | 7. ___ ___ |
| OVERSAW | Vacillate | _____ | 8. ___ ___ |
| PARSNIP | French capital | _____ | 9. ___ ___ |
| EROSIVE | Left-hand page | _____ | 10. ___ ___ |
| GRABBER | Flat-bottom boat | _____ | 11. ___ ___ |
| OPALINE | Woodworking tool | _____ | 12. ___ ___ |
| REDDEST | Woodwinds | _____ | 13. ___ ___ |

___ ___ ___ ___ ___ ___ ___ ___ ___ ___ ___ ___ ___

___ ___ ___ ___ ___ ___ ___ ___ ___ ___ ___ ___ ___

1 2 3 4 5 6 7 8 9 10 11 12 13

# Day 164

## DECODER

PSALM 18:3

| | 1 | 2 | 3 | 4 | 5 |
|---|---|---|---|---|---|
| 1 | T | U | G | W | P |
| 2 | L | J | Z | D | V |
| 3 | E | F | B | M | Q |
| 4 | K | H | Y | S | C |
| 5 | A | N | I | O | R |

53 14-53-21-21 45-51-21-21 12-15-54-52

11-42-31 21-54-55-24, 14-42-54 53-44

14-54-55-11-42-43 11-54 33-31

15-55-51-53-44-31-24: 44-54

44-42-51-21-21 53 33-31 44-51-25-31-24

32-55-54-34 34-53-52-31 31-52-31-34-53-31-44.

# Day 165

## ACROSTIC

PSALM 8:1

Costly

___ ___ ___ ___ ___ ___ ___ ___ ___
10 44 34 13 26 2 42 20 7

Using correct reasoning

___ ___ ___ ___ ___ ___ ___
24 39 8 35 30 14 18

An onlooker

___ ___ ___ ___ ___ ___ ___ ___ ___
21 25 17 43 36 6 40 19 38

To beg in a childish, undignified way

___ ___ ___ ___ ___
31 3 15 9 27

A signature

___ ___ ___ ___ ___ ___ ___ ___ ___
4 28 47 1 22 45 16 37 11

To hug

___ ___ ___ ___ ___ ___ ___
23 46 5 41 29 12 32

39 24-1-41-40 39-28-38 18-39-45-40,

11-39-31 7-44-30-10-24-18-19-6-43 42-2

43-11-25 26-14-46-23 35-26 29-24-18

47-3-7 19-16-38-43-3! 31-3-1 11-4-17-43

2-23-43 43-3-25 22-24-1-41-25 36-5-1-20-10

43-11-27 3-13-16-20-32-9-2.

Day 166

## SCRAMBLED CIRCLES

1. LSUIFN
2. RFEAHT
3. EALSBSEM
4. NVOISI
5. SGSLEAND
6. NBERHETR
7. HFTAI
8. DOEPEN
9. DFNOU

Whom shall we fear when the Lord is our light and our. . .?

1. ○ _ _ _ _ _
2. _ ○ _ _ _ _
3. _ _ _ _ _ _ ○ _
4. ○ _ _ _ _ _
5. _ _ ○ _ _ _ _ _
6. _ _ _ ○ _ _ _ _
7. _ _ ○ _ _
8. ○ _ _ _ _ _
9. _ _ _ ○ _

Answer: _ _ _ _ _ _ _ _ _

# Day 167

## CRYPTOSCRIPTURES

1. EGNYKGXY, G XUR QDJT RTQ, JWYCY GX MTR GD JWY ZCYXYDSY TA JWY UDPYEX TA PTI TBYC TDY XGDDYC JWUJ CYZYDJYJW.

2. RCN JQV FHNF PFQXBK NFB OQQYTXF NFTKJX QO NFB GQIYV NQ PQKOQCKV NFB GTXB; HKV JQV FHNF PFQXBK NFB GBHD NFTKJX QO NFB GQIYV NQ PQKOQCKV NFB NFTKJX GFTPF HIB UTJFNZ.

3. RSI BWJ XSLJ SR OSYJN FQ BWJ ISSB SR KXX JLFX: EWFDW EWFXJ QSOJ DSLJBJU KRBJI, BWJN WKLJ JIIJU RISO BWJ RKFBW, KYU CFJIDJU BWJOQJXLJQ BWISGHW EFBW OKYN QSIISEQ.

Day 168

## SPOTTY HEADLINES

OLD TESTAMENT HEADLINES

1.

**PROP●ET FORETELLS JESUS' B●RTH, DE●TH, ●ND RE●URRECT●ON**

__ __ __ __ __ __

2.

**MAN'S NEW●Y GIVEN N●ME TO ●EPRE●ENT AN ●NT●RE NATION**

__ __ __ __ __ __

3.

**WICKED ●AN PLOTS TO ●ANG QUEE●'S ●DOPTED F●THER**

__ __ __ __ __

# Day 169

## BIBLE QUOTATION

JOB 23:10

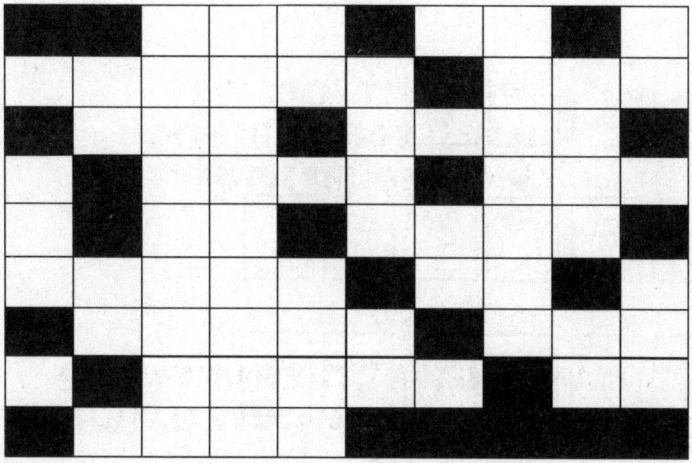

| | | | | | | | | | |
|---|---|---|---|---|---|---|---|---|---|
| N | G | T | U | T | E | H | T | H | E |
| N | R | H | E | T | H | M | A | T | S |
| I | S | I | Y | R | T | H | W | H | K |
| E | W | B | A | D | T | A | C | A | E |
| T | O | W | E | D | H | H | E | H | I |
| | | F | E | K | L | | T | O | M |
| | | O | A | L | | | E | | |
| | | A | O | | | | | | |
| | | H | L | | | | | | |

# Day 170

## TELEPHONE SCRAMBLES

CURSED

| ABC 2 | ABC 2 | GHI 4 | MNO 6 |
|---|---|---|---|

| ABC 2 | ABC 2 | MNO 6 | ABC 2 | ABC 2 | MNO 6 |
|---|---|---|---|---|---|

| GHI 4 | PQRS 7 | MNO 6 | TUV 8 | MNO 6 | DEF 3 |
|---|---|---|---|---|---|

| JKL 5 | DEF 3 | GHI 4 | MNO 6 | GHI 4 | ABC 2 | ABC 2 | GHI 4 | GHI 4 | MNO 6 |
|---|---|---|---|---|---|---|---|---|---|

| MNO 6 | ABC 2 | TUV 8 | TUV 8 | PQRS 7 | DEF 3 |
|---|---|---|---|---|---|

| PQRS 7 | DEF 3 | PQRS 7 | PQRS 7 | DEF 3 | MNO 6 | TUV 8 |
|---|---|---|---|---|---|---|

# Day 171

## ACROSTIC

PROVERBS 16:32

Finicky

___ ___ ___ ___ ___
16 36 30 1 9

Took into the stomach

___ ___ ___ ___ ___ ___ ___ ___ ___
39 10 31 15 25 4 21 8 42

A raised area

___ ___ ___ ___
5 26 22 35

To rinse the throat with a liquid, using air from the lungs to make bubbles

___ ___ ___ ___ ___ ___
12 38 17 2 32 43

A person hired as a driver

___ ___ ___ ___ ___ ___ ___ ___ ___
33 3 11 24 37 7 28 14 18

Nourishing

___ ___ ___ ___ ___ ___ ___ ___ ___ ___
6 20 29 40 19 41 27 34 13 23

3-28 29-3-31-29 36-39 23-32-4-10 29-34

31-6-12-43-17 19-23 5-8-29-41-8-18 29-3-31-6

29-3-8 22-19-2-3-41-9; 31-6-42 3-28 29-3-31-29

17-13-25-43-29-3 3-36-23 39-16-36-40-19-41

29-3-31-6 3-28 41-3-31-29 41-11-1-8-29-3 38

30-27-41-9.

# Day 172

## DROP TWO

JAMES

| | | | |
|---|---|---|---|
| BLOTCHY | Angrily | _____ | 1. __ __ |
| ARCUATE | Wooden case | _____ | 2. __ __ |
| NASCENT | Weaves | _____ | 3. __ __ |
| NATURAL | Related to hearing | _____ | 4. __ __ |
| HOODING | Performing | _____ | 5. __ __ |
| MARKETS | Bare | _____ | 6. __ __ |
| ASEPTIC | Paprika | _____ | 7. __ __ |
| ORATION | Proportion | _____ | 8. __ __ |
| NOBLEST | Tree trunks | _____ | 9. __ __ |
| AGAINST | Discolor | _____ | 10. __ __ |
| UMPIRED | Self-esteem | _____ | 11. __ __ |
| ESCAPEE | Cloaks | _____ | 12. __ __ |

| | | | | | | | | | | | |
|---|---|---|---|---|---|---|---|---|---|---|---|
| __ | __ | __ | __ | __ | __ | __ | __ | __ | __ | __ | __ |
| __ | __ | __ | __ | __ | __ | __ | __ | __ | __ | __ | __ |
| 1 | 2 | 3 | 4 | 5 | 6 | 7 | 8 | 9 | 10 | 11 | 12 |

# Day 173

## DECODER

PROVERBS 27:1

| | 1 | 2 | 3 | 4 | 5 |
|---|---|---|---|---|---|
| 1 | T | U | G | W | P |
| 2 | L | J | Z | D | V |
| 3 | E | F | B | M | Q |
| 4 | K | H | Y | S | C |
| 5 | A | N | I | O | R |

33-54-51-44-11 52-54-11 11-42-43-44-31-21-32

54-32 11-54-34-54-55-55-54-14; 32-54-55

11-42-54-12 41-52-54-14-31-44-11 52-54-11

14-42-51-11 51 24-51-43 34-51-43

33-55-53-52-13 32-54-55-11-42.

# Day 174

## BIBLE QUOTATION

JOHN 14:6

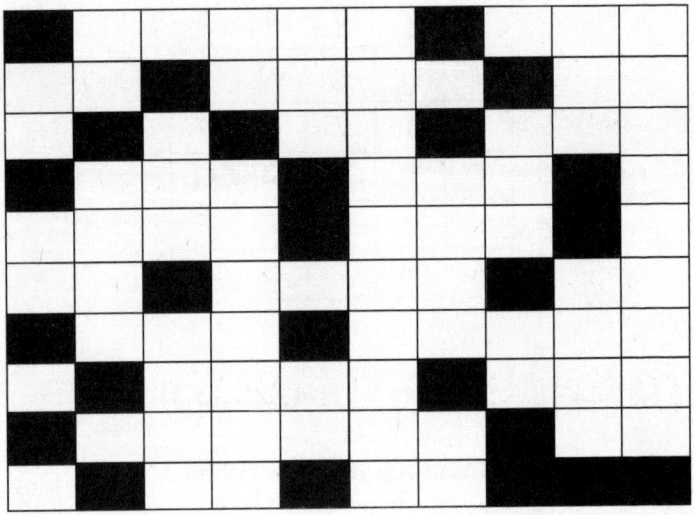

H W I Y I S H T N O
R U A H U T N E T
T F B L N M O T U
H J E N H T E M A I
T E A T A A O D H I
M M U S T F R S H T
H T C E H T
A Y O E
N E
M

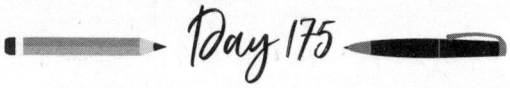


## SCRAMBLED CIRCLES

1. ASIMAAR
2. ERVEMO
3. ESEPRHUCL
4. DAENTION
5. MBETEHLHE
6. TCNOAVNE
7. NCIAATP

He made the right choice and was blessed more than any other man.

1. ○ _ _ _ _ _ _
2. _ _ _ ○ _ _
3. _ _ _ _ ○ _ _ _ _
4. _ _ ○ _ _ _ _ _
5. _ _ _ _ _ _ _ _ ○
6. _ ○ _ _ _ _ _ _
7. _ _ _ _ _ _ ○

Answer: _ _ _ _ _ _ _

# Day 176

## CRYPTOSCRIPTURES

1. JFMUMXZUM JM UMQMKEKVD S YKVDWZI JFKQF QSVVZL OM IZEMW, TML RN FSEM DUSQM, JFMUMOC JM ISC NMUEM DZW SQQMALSOTC JKLF UMEMUMVQM SVW DZWTC XMSU.

2. QT JD MQT VPOW, QJD KPVW JD ZTVLTOM: LPV YHH QJD KYXD YVT FBCARTUM: Y APC PL MVBMQ YUC KJMQPBM JUJNBJMX, FBDM YUC VJAQM JD QT.

3. GC GRBG IRNC BGC CRYBG EH GKM DQVCY, GC GRBG CMBREUKMGCN BGC VQYUN EH GKM VKMNQI, RTN GRBG MBYCBZGCN QOB BGC GCRFCTM EH GKM NKMZYCBKQT.

# Day 177

## SPOTTY HEADLINES

OLD TESTAMENT HEADLINES

1.

**TALKING SNAK●**
**D●CEI●ES WOMAN**

— — —

2.

**SLUM●ERING MAN IS ●ARRED**
**WHEN HE ●AN SEE**
**ST●IRWAY T● HEAVEN IN DREAM**

— — — — —

3.

**YO●NG BOY H●●RS**
**GOD CAL● HIS NA●E**
**THREE TIME● IN ONE NIGHT**

— — — — — —

# Day 178

## BIBLE QUOTATION

ROMANS 12:17

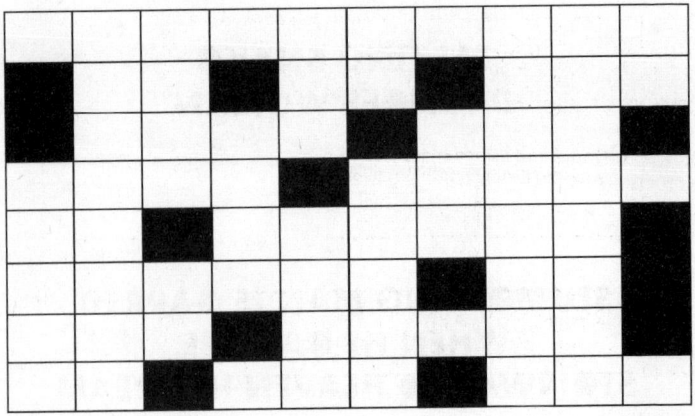

H E O L N P F M A N
T T V T L I R O R E
E E I E S T G O V N
O V E O S P E G T I
R E C A M O N M E
D O N I L L N S
H H I I S
F H N

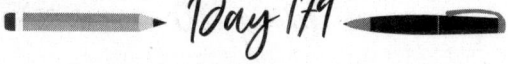


# TELEPHONE SCRAMBLES

## ALTAR MAKERS

| ABC 2 | ABC 2 | PQRS 7 | ABC 2 | GHI 4 | ABC 2 | MNO 6 |
|---|---|---|---|---|---|---|

| GHI 4 | PQRS 7 | ABC 2 | ABC 2 | ABC 2 |
|---|---|---|---|---|

| GHI 4 | PQRS 7 | PQRS 7 | ABC 2 | DEF 3 | JKL 5 |
|---|---|---|---|---|---|

| JKL 5 | ABC 2 | ABC 2 | MNO 6 | ABC 2 |
|---|---|---|---|---|

| JKL 5 | MNO 6 | PQRS 7 | GHI 4 | TUV 8 | ABC 2 |
|---|---|---|---|---|---|

| MNO 6 | MNO 6 | PQRS 7 | DEF 3 | PQRS 7 |
|---|---|---|---|---|

| MNO 6 | MNO 6 | ABC 2 | GHI 4 |
|---|---|---|---|

## Day 180

## ANAGRAMS

BOOKS OF THE BIBLE. . .

**This coin ran**

_ _ _ _ _ _ _ _ _ _ _

PLACES. . .

**Need of danger**

_ _ _ _ _ _  _ _
_ _ _ _

NEW TESTAMENT PEOPLE. . .

**In more pets**

_ _ _ _ _  _ _ _ _ _

# Day 181

## DROP TWO

REVELATION

| | | | |
|---|---|---|---|
| ANTIQUE | Silent | _____ | 1. __ __ |
| NODDING | Acting | _____ | 2. __ __ |
| AVERAGE | Serious | _____ | 3. __ __ |
| WESTERN | Change | _____ | 4. __ __ |
| HELICES | Pie serving | _____ | 5. __ __ |
| CHOWDER | Musical tones | _____ | 6. __ __ |
| MEDIATE | Measured speed | _____ | 7. __ __ |
| CANVASS | Browses | _____ | 8. __ __ |
| PRELATE | Home base | _____ | 9. __ __ |
| NASTIER | Pay hike | _____ | 10. __ __ |
| SPANISH | Whirls | _____ | 11. __ __ |

| | | | | | | | | | | |
|---|---|---|---|---|---|---|---|---|---|---|
| __ | __ | __ | __ | __ | __ | __ | __ | __ | __ | __ |
| __ | __ | __ | __ | __ | __ | __ | __ | __ | __ | __ |
| 1 | 2 | 3 | 4 | 5 | 6 | 7 | 8 | 9 | 10 | 11 |

# Day 182

## DECODER

PSALM 4:8

| | 1 | 2 | 3 | 4 | 5 |
|---|---|---|---|---|---|
| 1 | T | U | G | W | P |
| 2 | L | J | Z | D | V |
| 3 | E | F | B | M | Q |
| 4 | K | H | Y | S | C |
| 5 | A | N | I | O | R |

53 14-53-21-21 33-54-11-42 21-51-43 34-31

24-54-14-52 53-52 15-31-51-45-31, 51-52-24

44-21-31-31-15: 32-54-55 11-42-54-12,

21-54-55-24, 54-52-21-43 34-51-41-31-44-11

34-31 24-14-31-21-21 53-52 44-51-32-31-11-43.

# Day 183

## ACROSTIC

PSALM 18:2

A place of secondary education

34 5 17 12 1 29 25 16 42 15

The British spelling of "flavor"

18 4 32 24 28 45 43

To move around in a twisting motion

11 40 37 23 33 8

A record of days, months, and years

9 26 13 30 20 41 38 3

The process of returning to health

19 6 35 2 21 14 27 44

A location for buying or selling

10 31 39 7 36 22

22-34-8 4-28-27-41 40-1 10-44 39-42-35-7,

31-20-41 10-44 18-42-43-22-39-14-1-1, 32-20-41

10-44 41-30-13-5-21-14-39-36-19; 10-44 23-16-41,

10-44 1-22-3-30-20-17-22-12, 40-20

11-25-2-10 5 11-5-13-15 22-39-45-1-22.

## Day 184

# SCRAMBLED CIRCLES

1. POCSMAS
2. AEITCVP
3. TSLEDAOE
4. YBBOANL
5. VGLRAE
6. NNSDEPA
7. TTRSIA
8. DHMAESA

Jewish men would meet here to talk and do business.

1. ○ _ _ _ _ _ _
2. _ _ _ _ ○ _ _
3. _ _ _ _ _ _ ○ _
4. _ _ _ ○ _ _ _
5. ○ _ _ _ _ _
6. _ _ ○ _ _ _ _
7. _ ○ _ _ _ _
8. _ _ _ _ _ ○ _

Answer: _ _ _ _  _ _ _ _

# Day 185

## CRYPTOSCRIPTURES

1. LRN AI RHF SHRXHBOIN FH FTKY JHBWN: AMF AI PI FBLRYXHBOIN AP FTI BIRIJKRC HX PHMB OKRN, FTLF PI OLP QBHDI JTLF KY FTLF CHHN, LRN LSSIQFLAWI, LRN QIBXISF, JKWW HX CHN.

2. VJK V HZXRP RVYP ZNE ZI EBP EBLZJP, WVGXJO, SLVXWP ZNL OZK, VMM GP BXW WPLHVJEW, VJK GP EBVE IPVL BXY, DZEB WYVMM VJK OLPVE.

3. MZC VOCFEZC YUOCF OC OL OPNELLOMWI CE NWIULI FOP: YEH FI CFUC DEPICF CE RET PZLC MIWOIGI CFUC FI OL, UST CFUC FI OL U HIVUHTIH EY CFIP CFUC TOWORISCWQ LIIA FOP.

Day 186

## SPOTTY HEADLINES

NEW TESTAMENT HEADLINES

1.

**ASTOTE DOCTOR WRITOS TWO BOOOS OF THE BIBOE**

__ __ __ __

2.

**BABY JESUS MEOTIOOED BY ELDERLY JERUSALEM TEMPLE LODY TO OLL**

__ __ __ __

3.

**FAVORITE DISCIPLE SEES OARRING EOD TIMES IN OIS VISION**

__ __ __ __

# Day 187

## BIBLE QUOTATION

HEBREWS 3:15

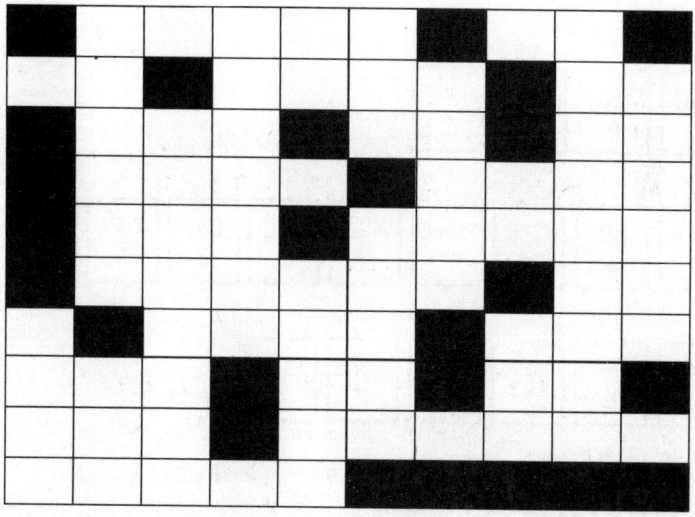

| | | | | | | | | | |
|---|---|---|---|---|---|---|---|---|---|
| I | S | H | I | L | V | F | E | T | O |
| A | D | E | S | L | E | H | I | T | E |
| R | W | I | O | A | R | O | V | Y | R |
| T | H | A | Y | A | R | D | I | A | C |
| T | T | I | L | P | E | N | H | C | O |
| | H | I | R | N | I | O | I | N | A |
| | H | Y | S | D | S | | | E | E |
| | T | S | O | U | I | | | N | |
| | W | A | | | | | | O | |

Day 188

# TELEPHONE SCRAMBLES

## DIVINE REPORTS OF CHRIST'S BIRTH

| ABC 2 | MNO 6 | MNO 6 | ABC 2 |
|---|---|---|---|

| DEF 3 | JKL 5 | GHI 4 | PQRS 7 | ABC 2 | ABC 2 | DEF 3 | TUV 8 | GHI 4 |
|---|---|---|---|---|---|---|---|---|

| JKL 5 | MNO 6 | PQRS 7 | DEF 3 | PQRS 7 | GHI 4 |
|---|---|---|---|---|---|

| MNO 6 | ABC 2 | PQRS 7 | WXYZ 9 |
|---|---|---|---|

| PQRS 7 | GHI 4 | DEF 3 | PQRS 7 | GHI 4 | DEF 3 | PQRS 7 | DEF 3 | PQRS 7 |
|---|---|---|---|---|---|---|---|---|

| PQRS 7 | GHI 4 | MNO 6 | DEF 3 | MNO 6 | MNO 6 |
|---|---|---|---|---|---|

| WXYZ 9 | ABC 2 | ABC 2 | GHI 4 | ABC 2 | PQRS 7 | GHI 4 | ABC 2 | PQRS 7 |
|---|---|---|---|---|---|---|---|---|

## Day 189

## ANAGRAMS

EVENTS. . .

**Joe felt choir tab**

_ _ _ _ _ _  _ _

_ _ _ _ _ _ _

BOOKS OF THE BIBLE. . .

**See sing**

_ _ _ _ _ _ _

RIVERS/BODIES OF WATER. . .

**See a dad**

_ _ _ _  _ _ _

# Day 190

## DROP TWO

EZEKIEL

| | | | |
|---|---|---|---|
| BLANKLY | Skinny | _____ | 1. __ __ |
| LOCATED | Military trainee | _____ | 2. __ __ |
| PRESENT | Exhausted | _____ | 3. __ __ |
| SLAVERY | Disentangle | _____ | 4. __ __ |
| DESPOIL | Heaped | _____ | 5. __ __ |
| FREAKED | Gathered leaves | _____ | 6. __ __ |
| TRASHED | Clip sheep | _____ | 7. __ __ |
| BEARISH | Uplift | _____ | 8. __ __ |
| BEREAVE | Daring | _____ | 9. __ __ |
| AILMENT | N.E. state | _____ | 10. __ __ |
| ALCOHOL | Nearby | _____ | 11. __ __ |
| BOARDER | Wide | _____ | 12. __ __ |
| SINGLED | Paper guides | _____ | 13. __ __ |

| 1 | 2 | 3 | 4 | 5 | 6 | 7 | 8 | 9 | 10 | 11 | 12 | 13 |
|---|---|---|---|---|---|---|---|---|---|---|---|---|
| __ | __ | __ | __ | __ | __ | __ | __ | __ | __ | __ | __ | __ |
| __ | __ | __ | __ | __ | __ | __ | __ | __ | __ | __ | __ | __ |

# Day 191

## DECODER

1 CORINTHIANS 9:27

| | 1 | 2 | 3 | 4 | 5 |
|---|---|---|---|---|---|
| 1 | T | U | G | W | P |
| 2 | L | J | Z | D | V |
| 3 | E | F | B | M | Q |
| 4 | K | H | Y | S | C |
| 5 | A | N | I | O | R |

33-12-11 53 41-31-31-15 12-52-24-31-55 34-43

33-54-24-43. . .21-31-44-11 11–42-51-11 33-43

51-52-43 34-31-51-52-44, 14-42-31-52

53 42-51-25-31 15-55-31-51-45-42-31-24 11-54

54-11-42-31-55-44, 53 34-43-44-31-21-32

44-42-54-12-21-24 33-31 51

45-51-44-11-51-14-51-43.

# Day 192

## ACROSTIC

PSALM 2:11

Fairness

___ ___ ___ ___ ___ ___ ___
33 37 8 21 25 15 3

Bodily equilibrium

___ ___ ___ ___ ___ ___ ___
24 16 32 35 1 22 9

Special treats

___ ___ ___ ___ ___ ___
23 36 7 29 17 26

Broken

___ ___ ___ ___ ___ ___ ___
11 2 14 19 6 27 39

To dry or shrivel

___ ___ ___ ___ ___ ___
18 4 31 10 5 13

Not singular

___ ___ ___ ___ ___ ___
30 12 34 28 20 38

26-9-17-7-3 31-10-5 12-29-28-11 18-4-31-10

23-9-36-17, 35-1-39 13-5-33-29-4-22-27

18-4-31-10 21-17-9-14-24-32-25-1-6.

# Day 193

## SCRAMBLED CIRCLES

1. AEHJREMI
2. BUEDLO
3. RBNO
4. SHRUENT
5. VEIRDN
6. CUEJSIT
7. EASCSRCAS
8. OARBH

Another son of David who wanted to be king.

1. ___ ___ ___ ___ ___ ___ ○ ___
2. ○ ___ ___ ___ ___ ___
3. ___ ○ ___ ___
4. ___ ___ ○ ___ ___ ___ ___
5. ___ ___ ○ ___ ___ ___
6. ○ ___ ___ ___ ___ ___ ___
7. ___ ○ ___ ___ ___ ___ ___ ___ ___
8. ___ ___ ○ ___ ___

Answer: ___ ___ ___ ___ ___ ___ ___ ___

# Day 194

## CRYPTOSCRIPTURES

1. LQTUYV, ZTQ YUPV'G THOV WG OUZ GTUPZQOQV, ZTHZ WZ FHOOUZ GHMQ; OQWZTQP TWG QHP TQHMX, ZTHZ WZ FHOOUZ TQHP.

2. T YTE, DBTQ WUD SZ YTE; VWUFZ MRFF R KVVX DBVV: SZ KTQF DBRUKDVDB JTU DBVV. . .RA W EUZ WAE DBRUKDZ FWAE, MBVUV AT MWDVU RK.

3. QRUJNRZ ANIFJ JNHC FUR EUJN IQG PRIAJ JH VRYUFR JNGARFY JNRZREUJN: QRUJNRZ ANIFF IQG EHSIQ AJIQV PRYHZR I PRIAJ JH FUR VHEQ JNRZRJH: UJ UA DHQYCAUHQ.

Day 195

## SPOTTY HEADLINES

NEW TESTAMENT HEADLINES

1.

**MAN B●INDED WHILE TR●VELING TO PER●EC●TE CHRISTIANS**

— — — —

2.

**INNOCEN● MAN FR●ED FROM CHAINS AND P●ISON BY ANSW●RED ●RAYER**

— — — — —

3.

**●RIMARY CHRI●TIA● MARTYR S●ON●D TO D●AT●**

— — — — — — —

# Day 196

## BIBLE QUOTATION

1 JOHN 5:5

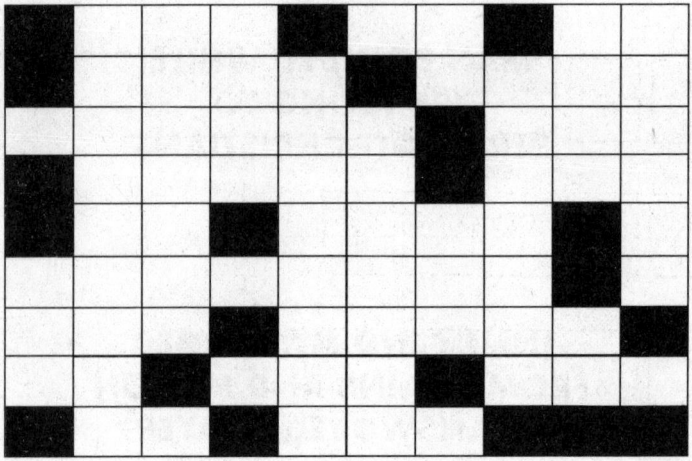

| | | | | | | | | | |
|---|---|---|---|---|---|---|---|---|---|
| C | W | H | T | T | H | T | H | O | N |
| H | T | M | A | T | D | O | U | E | E |
| E | O | O | E | L | H | S | V | H | R |
| I | W | F | E | J | I | D | T | S | E |
| | H | E | O | H | O | A | S | H | T |
| | L | I | R | T | E | S | B | U | T |
| | A | H | | V | E | | T | | B |
| | S | T | | G | E | | | | |
| | O | | | | | | | | |

Day 197

# TELEPHONE SCRAMBLES

## PEOPLE OF THE NEW TESTAMENT

| ABC 2 | DEF 3 | MNO 6 | TUV 8 | TUV 8 | PQRS 7 | GHI 4 | MNO 6 | MNO 6 |
|---|---|---|---|---|---|---|---|---|

| GHI 4 | DEF 3 | PQRS 7 | MNO 6 | DEF 3 |
|---|---|---|---|---|

| JKL 5 | MNO 6 | PQRS 7 | DEF 3 | PQRS 7 | GHI 4 |
|---|---|---|---|---|---|

| MNO 6 | ABC 2 | PQRS 7 | TUV 8 | GHI 4 | ABC 2 |
|---|---|---|---|---|---|

| PQRS 7 | GHI 4 | ABC 2 | PQRS 7 | GHI 4 | PQRS 7 | DEF 3 | DEF 3 | PQRS 7 |
|---|---|---|---|---|---|---|---|---|

| PQRS 7 | GHI 4 | JKL 5 | ABC 2 | TUV 8 | DEF 3 |
|---|---|---|---|---|---|

Day 198

## ANAGRAMS

BOOKS OF THE BIBLE. . .

**I note last man**

_ _ _ _ _ _ _ _ _ _ _ _

WOMEN OF THE BIBLE. . .

**Arm may end a leg**

_ _ _ _  _ _ _ _ _ _ _ _ _

NEW TESTAMENT PEOPLE. . .

**A gold prison**

_ _ _ _ _ _ _ _  _ _ _

# Day 199

## DROP TWO

JEREMIAH

| | | | |
|---|---|---|---|
| EARTHLY | Pumping organ | _____ | 1. ___ ___ |
| WHERETO | Pitched | _____ | 2. ___ ___ |
| AFFABLE | Fictional tale | _____ | 3. ___ ___ |
| SCARLET | Fish skin | _____ | 4. ___ ___ |
| CHASTEN | Social class | _____ | 5. ___ ___ |
| NEITHER | Belongs to them | _____ | 6. ___ ___ |
| DEBORAH | Stuff of life | _____ | 7. ___ ___ |
| FROSTED | Model T's | _____ | 8. ___ ___ |
| BRAVEST | Speech parts | _____ | 9. ___ ___ |
| STEALTH | Smallest | _____ | 10. ___ ___ |
| HECTARE | Copy | _____ | 11. ___ ___ |
| WEIGHTS | Vision | _____ | 12. ___ ___ |
| CHAPMAN | Winner | _____ | 13. ___ ___ |

| | | | | | | | | | | | | |
|---|---|---|---|---|---|---|---|---|---|---|---|---|
| ___ | ___ | ___ | ___ | ___ | ___ | ___ | ___ | ___ | ___ | ___ | ___ | ___ |
| ___ | ___ | ___ | ___ | ___ | ___ | ___ | ___ | ___ | ___ | ___ | ___ | ___ |
| 1 | 2 | 3 | 4 | 5 | 6 | 7 | 8 | 9 | 10 | 11 | 12 | 13 |

# Day 200

## DECODER

PSALM 7:17

| | 1 | 2 | 3 | 4 | 5 |
|---|---|---|---|---|---|
| 1 | T | U | G | W | P |
| 2 | L | J | Z | D | V |
| 3 | E | F | B | M | Q |
| 4 | K | H | Y | S | C |
| 5 | A | N | I | O | R |

53 14-53-21-21 15-55-51-53-44-31 11-42-31

21-54-55-24 51-45-45-54-55-24-53-52-13 11-54

42-53-44 55-53-13-42-11-31-54-12-44-52-31-44-44:

51-52-24 14-53-21-21 44-53-52-13

15-55-51-53-44-31 11-54 11-42-31 52-51-34-31

54-32 11-42-31 21-54-55-24 34-54-44-11

42-53-13-42.

# Day 201

## ACROSTIC

PSALM 3:7

A tiny, brightly colored tropical fish

___ ___ ___ ___ ___
6 23 30 1 14

Easy to love

___ ___ ___ ___ ___ ___ ___
15 43 38 3 32 21 13

The year of school before first grade

___ ___ ___ ___ ___ ___ ___ ___ ___ ___ ___ ___
7 24 33 8 31 41 16 44 35 22 37 26

The study of the stars

___ ___ ___ ___ ___ ___ ___ ___ ___
34 12 39 2 29 18 45 4 28

A professional cook

___ ___ ___ ___
10 17 40 5

To appoint to an office

___ ___ ___ ___ ___ ___ ___ ___
9 42 20 19 11 36 25 27

36-2-24-12-13, 29 15-45-41-8; 12-34-38-27

4-37, 42 4-28 6-43-8: 5-29-35 22-17-42-23

17-44-12-39 12-20-19-39-22-27-11 3-15-21

20-19-9-13 37-26-27-20-24-13-12 23-30-43-33

25-17-40 10-17-13-31-7 32-42-18-13.

# Day 202

## SCRAMBLED CIRCLES

1. NMEAIF
2. VOEFGRI
3. AUDHJ
4. ONTNEDC
5. YANIVT
6. KRNOEFAS
7. LFLDEI
8. INTIBHA
9. OAVAINTLS
10. MEERJLUSA
11. SPRTEIS

A well-known sermon was given here.

1. __ __ ◯ __ __ __
2. __ ◯ __ __ __ __ __
3. __ ◯ __ __ __
4. __ __ ◯ __ __ __ __
5. __ __ __ __ ◯ __
6. __ ◯ __ __ __ __ __ __
7. __ __ __ ◯ __ __
8. ◯ __ __ __ __ __ __
9. __ __ __ ◯ __ __ __ __ __
10. __ __ __ __ __ __ __ ◯ __
11. __ __ __ __ ◯ __ __

Answer: The __ __ __ __ __ of __ __ __ __ __ __

# Day 203

## CRYPTOSCRIPTURES

1. SGGJ QGD TKTHB XIQ GQ CYV GAQ DCYQWV, UND TKTHB XIQ ISVG GQ DCT DCYQWV GM GDCTHV.

2. VYC QAOY UOBZB AVC TPEOC QEJA V XGZC FGETO, AO BVEC, HVJAOP, EYJG JAN AVYCB E TGWWOYC WN BSEPEJ: VYC AVFEYR BVEC JAZB, AO RVFO ZS JAO RAGBJ.

3. IDB BEB IDXI LPFTBID XI DYA OXIDBQ, XWR RBAGYABID IP PJBE DYA LPIDBQ, IDB QXSBWA PO IDB SXZZBE ADXZZ GYFT YI PNI, XWR IDB EPNWU BXUZBA ADXZZ BXI YI.

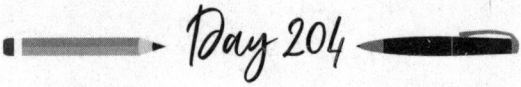


## SPOTTY HEADLINES

NEW TESTAMENT HEADLINES

1.

**PHAR●SEE US●S ●EANS OF RE●SONIN● TO SP●RE APOST●ES' ●IVES**

— — — — — — — —

2.

**PERS●N BRINGS TO ●IGHT THE D●STRUCTIVE DIVISIONS IN A C●UR●H**

— — — — —

3.

**M●N S●RVIVES TERRIB●E SHIPWRECK AND VI●ER BITE**

— — — —

# Day 205

## BIBLE QUOTATION

1 JOHN 2:17

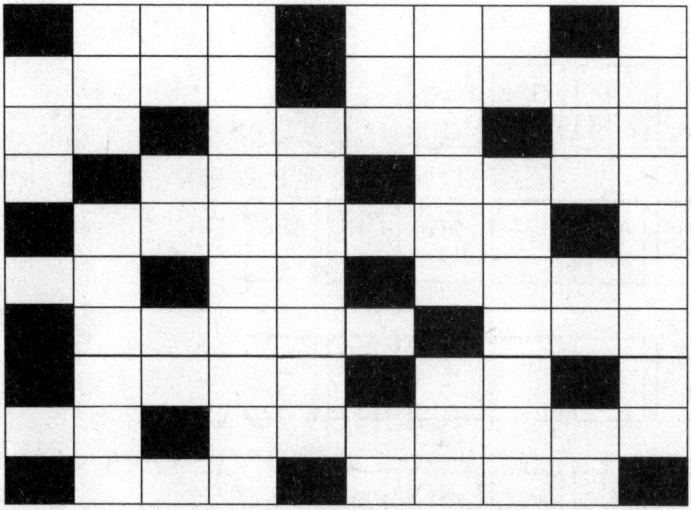

| | | | | | | | | | |
|---|---|---|---|---|---|---|---|---|---|
| O | A | T | D | E | E | D | U | A | E |
| T | R | H | D | R | I | L | F | R | N |
| O | W | O | A | E | A | O | H | T | T |
| D | D | N | H | B | T | T | T | S | B |
| U | T | L | E | W | E | H | E | H | H |
| | T | O | H | L | H | A | S | S | E |
| | F | I | E | T | P | O | E | A | W |
| | H | | L | | | Y | F | | G |
| | D | | A | | | V | E | | T |
| | | | R | | | | | | |

Day 206

# TELEPHONE SCRAMBLES

## FOODS IN THE OLD TESTAMENT

| DEF 3 | GHI 4 | GHI 4 | PQRS 7 |
|---|---|---|---|

| GHI 4 | ABC 2 | PQRS 7 | JKL 5 | GHI 4 | ABC 2 |
|---|---|---|---|---|---|

| GHI 4 | PQRS 7 | ABC 2 | PQRS 7 | DEF 3 | PQRS 7 |
|---|---|---|---|---|---|

| GHI 4 | MNO 6 | MNO 6 | DEF 3 | WXYZ 9 |
|---|---|---|---|---|

| JKL 5 | ABC 2 | MNO 6 | ABC 2 |
|---|---|---|---|

| MNO 6 | GHI 4 | JKL 5 | JKL 5 | DEF 3 | TUV 8 |
|---|---|---|---|---|---|

| MNO 6 | JKL 5 | GHI 4 | TUV 8 | DEF 3 | PQRS 7 |
|---|---|---|---|---|---|

## ANAGRAMS

BOOKS OF THE BIBLE. . .

**He no limp**

_ _ _ _ _ _ _ _

NEW TESTAMENT PEOPLE. . .

**I see harps**

_ _ _ _ _ _ _ _ _

WOMEN OF THE BIBLE. . .

**O his dare**

_ _ _ _ _ _ _ _

# Day 208

## DROP TWO

ROMANS

| | | | |
|---|---|---|---|
| FRESHEN | Transparent | _____ | 1. __ __ |
| NOTEPAD | Framed glass | _____ | 2. __ __ |
| BREADTH | Restrained | _____ | 3. __ __ |
| GRANITE | Concede | _____ | 4. __ __ |
| LODGING | Leaving | _____ | 5. __ __ |
| FORSAKE | Flatware | _____ | 6. __ __ |
| SHALLOW | Angels' wear | _____ | 7. __ __ |
| INBOARD | Trademark | _____ | 8. __ __ |
| GRAFTED | Graded | _____ | 9. __ __ |
| GUSHING | Utilizing | _____ | 10. __ __ |
| TOPMOST | Walk heavily | _____ | 11. __ __ |
| CITADEL | Sports shoe | _____ | 12. __ __ |

| | | | | | | | | | | | |
|---|---|---|---|---|---|---|---|---|---|---|---|
| __ | __ | __ | __ | __ | __ | __ | __ | __ | __ | __ | __ |
| __ | __ | __ | __ | __ | __ | __ | __ | __ | __ | __ | __ |
| 1 | 2 | 3 | 4 | 5 | 6 | 7 | 8 | 9 | 10 | 11 | 12 |

# Day 209

## DECODER

ECCLESIATES 1:9

| | 1 | 2 | 3 | 4 | 5 |
|---|---|---|---|---|---|
| 1 | T | U | G | W | P |
| 2 | L | J | Z | D | V |
| 3 | E | F | B | M | Q |
| 4 | K | H | Y | S | C |
| 5 | A | N | I | O | R |

11-42-31 11-42-53-52-13 11-42-51-11 42-51-11-42

33-31-31-52, 53-11 53-44 11-42-51-11 14-42-53-45-42

44-42-51-21-21 33-31; 51-52-24 11-42-51-11

14-42-53-45-42 53-44 24-54-52-31 53-44 11-42-51-11

14-42-53-45-42 44-42-51-21-21 33-31 24-54-52-31:

51-52-24 11-42-31-55-31 53-44 52-54 52-31-14

11-42-53-52-13 12-52-24-31-55 11-42-31 44-12-52.

# Day 210

## ACROSTIC

PSALM 19:14

Land on which crops and/or animals are raised

___ ___ ___ ___
11 27 34 4

A perforated pan to drain off liquids

___ ___ ___ ___ ___ ___ ___ ___
13 39 36 5 26 12 41 21

Vacation of a newly married couple

___ ___ ___ ___ ___ ___ ___ ___ ___
6 43 15 42 22 10 28 16 3

A maze

___ ___ ___ ___ ___ ___ ___ ___ ___
9 32 19 14 29 23 2 30 18

Motion pictures where parental guidance is suggested

___ ___ ___ ___ ___ ___ ___ ___
40 44 31 1 45 38 24 37

To become too large for

___ ___ ___ ___ ___ ___ ___
7 25 17 33 20 35 8

36-42-30 17-18-24 8-7-20-12-37 39-11 10-22

31-28-25-17-18, 32-3-12 17-6-42

10-41-12-23-17-5-17-38-1-26 43-11 31-14

6-24-5-21-17, 19-42 32-13-13-41-40-17-5-19-9-42

38-26 17-18-22 37-38-33-18-17, 16 9-1-29-12,

31-22 37-30-21-42-2-44-17-18, 27-15-12 31-14

29-24-12-42-41-31-24-34.

## Day 211

# SCRAMBLED CIRCLES

1. HNSCAEADL
2. NLISA
3. MRUOR
4. CIEVONEL
5. DUMEULTTI
6. EUSMLARJE

These acted as trucks in ancient times.

1. ○ _ _ _ _ _ _ _ _
2. _ _ ○ _ _
3. _ _ ○ _ _
4. _ _ _ _ _ _ _ ○
5. _ _ ○ _ _ _ _ _ _
6. _ _ _ _ ○ _ _ _ _

Answer: _ _ _ _ _ _

# Day 212

## CRYPTOSCRIPTURES

1. MTNS AJHV HFS KVPI HFS MKVPG IAS AJHV FTZ JQYS: WPTJM QJ VDDSPTJM, QJI OVYS WSDVPS FTY: BVPZFTE HFS KVPI TJ HFS WSQAHG VD FVKTJSZZ.

2. UFZ WRZ WUDG ORTRNRF QLOZRN UFZ VFZGKOYUFZLFW GMPGGZLFW NVPX, UFZ TUKWGFGOO RE XGUKY, GDGF UO YXG OUFZ YXUY LO RF YXG OGU OXRKG.

3. U BCA QPNI HAXNOC BCA CAXNB, U BNK BCA NAUSH, AGAS BP TUGA AGANK VXS XOOPNIUST BP CUH YXKH, XSI XOOPNIUST BP BCA ZNLUB PZ CUH IPUSTH.

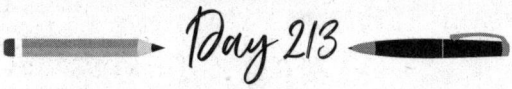


## SPOTTY HEADLINES

NEW TESTAMENT HEADLINES

1.

**ONLY BEING THAT**
**COMBINE● ●U●T DI●TY**
**WITH H●MANITY**

— — — — —

2.

**EV●L QUEEN**
**●EM●NDS EX●CUTION ●F**
**●IG●TEOU● BAPTIZER**

— — — — — — — —

3.

**D●VOUT MAN**
**REC●G●IZES BABY AS**
**THE PRO●I●ED MESS●AH**

— — — — — —

# Day 214

## BIBLE QUOTATION

1 PETER 1:16

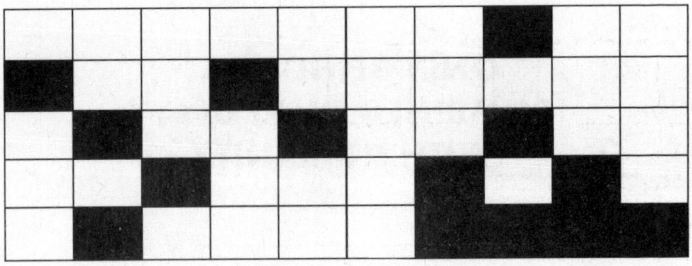

| | | | | | | | | | |
|---|---|---|---|---|---|---|---|---|---|
| L | I | C | E | W | S | E | I | T | E |
| N | Y | H | F | U | R | I | T | I | O |
| M | E | B | A | L | Y | E | | H | T |
| B | | S | O | O | R | | | | A |
| | | | | | Y | | | | |

# Day 215

## TELEPHONE SCRAMBLES

APOSTLES

| ABC 2 | MNO 6 | DEF 3 | PQRS 7 | DEF 3 | WXYZ 9 |
|---|---|---|---|---|---|
| JKL 5 | MNO 6 | GHI 4 | MNO 6 | | |
| JKL 5 | TUV 8 | DEF 3 | ABC 2 | PQRS 7 | |
| PQRS 7 | DEF 3 | TUV 8 | DEF 3 | PQRS 7 | |
| PQRS 7 | GHI 4 | GHI 4 | JKL 5 | GHI 4 | PQRS 7 |
| PQRS 7 | GHI 4 | MNO 6 | MNO 6 | MNO 6 | |
| TUV 8 | GHI 4 | MNO 6 | MNO 6 | ABC 2 | PQRS 7 |

## ANAGRAMS

BOOKS OF THE BIBLE. . .

**Snail has notes**

_ _ _ _ _ _ _ _ _ _ _ _ _

PLACES. . .

**A mantra tour**

_ _ _ _ _  _ _ _ _ _ _

BIBLE CITIES. . .

**Hen vine**

_ _ _ _ _ _ _

# Day 217

## DROP TWO

EZRA

| | | | |
|---|---|---|---|
| GRAFTED | Wind | _____ | 1. __ __ |
| SIGNORA | Wheat | _____ | 2. __ __ |
| INBOARD | Songbird | _____ | 3. __ __ |
| WEALTHY | Tool | _____ | 4. __ __ |
| HEATHER | Not here | _____ | 5. __ __ |
| FEATHER | Anesthetic | _____ | 6. __ __ |
| BLATANT | Trite | _____ | 7. __ __ |
| ESSENCE | View | _____ | 8. __ __ |
| REBIRTH | Roman river | _____ | 9. __ __ |
| ARBITER | Thorn | _____ | 10. __ __ |
| PLANISH | Aches | _____ | 11. __ __ |
| STENCIL | Pennies | _____ | 12. __ __ |
| WRESTED | Prevent | _____ | 13. __ __ |

| | | | | | | | | | | | | |
|---|---|---|---|---|---|---|---|---|---|---|---|---|
| __ | __ | __ | __ | __ | __ | __ | __ | __ | __ | __ | __ | __ |
| __ | __ | __ | __ | __ | __ | __ | __ | __ | __ | __ | __ | __ |
| 1 | 2 | 3 | 4 | 5 | 6 | 7 | 8 | 9 | 10 | 11 | 12 | 13 |

# Day 218

## DECODER

PSALM 20:7

| | 1 | 2 | 3 | 4 | 5 |
|---|---|---|---|---|---|
| 1 | P | V | Q | C | R |
| 2 | W | D | M | S | O |
| 3 | G | Z | B | Y | I |
| 4 | U | J | F | H | N |
| 5 | T | L | E | K | A |

24-25-23-53 51-15-41-24-51 35-45

14-44-55-15-35-25-51-24, 55-45-22 24-25-23-53

35-45 44-25-15-24-53-24: 33-41-51 21-53

21-35-52-52 15-53-23-53-23-33-53-15 51-44-53

45-55-23-53 25-43 51-44-53 52-25-15-22

25-41-15 31-25-22.

# Day 219

## ACROSTIC

PHILIPPIANS 4:6

The ocean along the west coast of America

___ ___ ___ ___ ___ ___ ___
13 25 7 42 1 19 11

A joint in the finger

___ ___ ___ ___ ___ ___ ___
12 39 20 26 46 6 44

Excessive, beyond reason

___ ___ ___ ___ ___ ___ ___ ___ ___ ___ ___
18 10 45 29 49 24 47 5 40 17 34

Evoking a question

___ ___ ___ ___ ___ ___ ___ ___ ___ ___ ___ ___
9 33 2 43 21 35 51 14 31 3 52 48

Articles such as tools, utensils, and nails

___ ___ ___ ___ ___ ___ ___ ___
36 38 15 27 22 55 4 54

A person sent to a foreign country for ministry

___ ___ ___ ___ ___ ___ ___ ___ ___ ___
30 8 53 37 32 50 16 28 41 23

3-44 11-40-4-2-1-20-6 1-50-15

16-50-21-36-32-14-5; 3-20-21 42-17

18-24-44-29-23 34-36-8-17-5 3-23 13-29-38-23-48-41

49-39-27 53-33-13-13-6-19-26-25-21-35-51-16

22-8-21-36 21-36-28-16-46-37-5-32-24-35-16-5

52-18-34 23-51-20-29 15-44-9-20-2-37-45-43 3-48

30-31-27-54 12-39-50-22-16 33-14-21-51 5-50-27.

# Day 220

## SCRAMBLED CIRCLES

1. ISEMT
2. NOURD
3. DUNRE
4. NINOISTCURT
5. CHKTI
6. HSTIG
7. MOCEUNS
8. ARSOVI
9. NERTAMN
10. UERBEK

Another name for Mount Sinai.

1. __ ○ __ __ __
2. __ ○ __ __ __
3. ○ __ __ __ __
4. __ ○ __ __ __ __ __ __ __ __ __
5. ○ __ __ __ __
6. __ __ __ ○ __
7. __ ○ __ __ __ __ __
8. __ __ __ __ __ ○
9. __ ○ __ __ __ __ __
10. __ __ ○ __ __ __

Answer: __ __ __ __ __ __ __ __ __ __

# Day 221

## CRYPTOSCRIPTURES

1. JIT JIOTC PFRTJI XFJ, KWJ CFG JF ZJTSV, SXH JF DOVV, SXH JF HTZJGFA: O SR PFRT JISJ JITA ROYIJ ISBT VOCT, SXH JISJ JITA ROYIJ ISBT OJ RFGT SKWXHSXJVA.

2. WHN BSM STXGQRE KX BSM SMQE HW BSM ZKWM, MLMR QX OSNKXB KX BSM SMQE HW BSM OSTNOS: QRE SM KX BSM XQLKHTN HW BSM GHEV.

3. CKW SII XNSX OD OJ XNB PKWIA, XNB IEDX KC XNB CIBDN, SJA XNB IEDX KC XNB BRBD, SJA XNB LWOAB KC IOCB, OD JKX KC XNB CSXNBW, TEX OD KC XNB PKWIA.

# Day 222

## SPOTTY HEADLINES

NEW TESTAMENT HEADLINES

1.

**RESPEC●ABLE ●ER●ON**
**●AP●IZED ●IS C●USI●**
**IN ●●E ●ORD●N R●V●R**

__ __ __ __ __ __ __
__ __ __ __ __ __ __

2.

**WRITING ●ETTERS**
**CONTIN●ES BY**
**UND●UNTED ●RISONER**

__ __ __ __

3.

**DOUB●ING FI●H●●●AN**
**●ULLS IN ●NOUGH F●SH**
**TO SI●K B●AT**

__ __ __ __ __ __ __ __ __ __

# Day 223

## BIBLE QUOTATION

1 SAMUEL 12:22

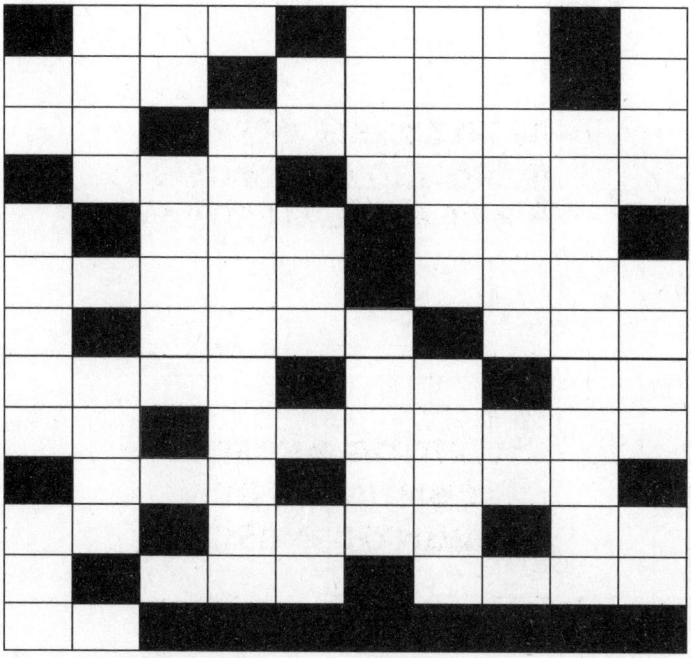

| | | | | | | | | | |
|---|---|---|---|---|---|---|---|---|---|
| E | F | I | F | W | T | H | L | K | L |
| G | R | F | S | O | I | L | A | P | N |
| S | T | E | O | A | R | S | O | S | E |
| T | T | H | A | S | P | E | I | M | O |
| U | O | S | A | T | E | A | A | E | P |
| L | E | S | E | K | L | O | E | H | C |
| O | U | H | M | R | K | E | E | E | A |
| O | H | O | I | L | E | H | B | D | L |
| A | H | D | R | | I | N | S | Y | D |
| T | R | | E | | | P | R | O | E |
| | | | P | | | T | | | |

# Day 224

## TELEPHONE SCRAMBLES

GIANTS

| ABC 2 | GHI 4 | GHI 4 | MNO 6 | ABC 2 | MNO 6 |
|---|---|---|---|---|---|

| ABC 2 | MNO 6 | ABC 2 | JKL 5 |
|---|---|---|---|

| GHI 4 | MNO 6 | JKL 5 | GHI 4 | ABC 2 | TUV 8 | GHI 4 |
|---|---|---|---|---|---|---|

| JKL 5 | ABC 2 | GHI 4 | MNO 6 | GHI 4 |
|---|---|---|---|---|

| MNO 6 | GHI 4 |
|---|---|

| PQRS 7 | GHI 4 | PQRS 7 | PQRS 7 | ABC 2 | GHI 4 |
|---|---|---|---|---|---|

| TUV 8 | ABC 2 | JKL 5 | MNO 6 | ABC 2 | GHI 4 |
|---|---|---|---|---|---|

## ANAGRAMS

BOOKS OF THE BIBLE. . .

**I jam here**

_ _ _ _ _ _ _ _

KINGS. . .

**Rob a home**

_ _ _ _ _ _ _ _

NEW TESTAMENT PEOPLE. . .

**Mice sound**

_ _ _ _ _ _ _ _ _

# Day 226

## DROP TWO

JOB

| | | | |
|---|---|---|---|
| OCTOPUS | To lower oneself | _____ | 1. ___ ___ |
| COLONEL | Violinlike instrument | _____ | 2. ___ ___ |
| MANTELS | Slants | _____ | 3. ___ ___ |
| STARDOM | Small missiles | _____ | 4. ___ ___ |
| GUILDER | Reigned | _____ | 5. ___ ___ |
| DETROIT | Attempted | _____ | 6. ___ ___ |
| DAMPING | Mimicking | _____ | 7. ___ ___ |
| WORLDLY | Humorous | _____ | 8. ___ ___ |
| CLAMOUR | Wall art | _____ | 9. ___ ___ |
| UNAIDED | Ate | _____ | 10. ___ ___ |
| UNCLOSE | Ice cream holders | _____ | 11. ___ ___ |
| SCALDED | Image for transfer | _____ | 12. ___ ___ |
| MILEAGE | Small light | _____ | 13. ___ ___ |

___ ___ ___ ___ ___ ___ ___ ___ ___ ___ ___ ___ ___

___ ___ ___ ___ ___ ___ ___ ___ ___ ___ ___ ___ ___

1 2 3 4 5 6 7 8 9 10 11 12 13

# Day 227

## DECODER

PHILIPPIANS 4:13

| | 1 | 2 | 3 | 4 | 5 |
|---|---|---|---|---|---|
| 1 | P | V | Q | C | R |
| 2 | W | D | M | S | O |
| 3 | G | Z | B | Y | I |
| 4 | U | J | F | H | N |
| 5 | T | L | E | K | A |

35 14-55-45 22-25 55-52-52 51-44-35-45-31-24

51-44-15-25-41-31-44 14-44-15-35-24-51

21-44-35-14-44 24-51-15-53-45-31-51-44-53-45-53-51-44

23-53.

# Day 228

## ACROSTIC

PHILIPPIANS 2:3

Any day except Saturday and Sunday

___ ___ ___ ___ ___ ___ ___
29 14 1 6 27 41 37

To steal money from an employer

___ ___ ___ ___ ___ ___ ___ ___
20 36 13 44 5 28 22 12

Flawless

___ ___ ___ ___ ___ ___ ___
15 38 30 19 43 31 4

The area in which a baseball team waits between innings

___ ___ ___ ___ ___ ___
16 34 7 23 3 21

To dissolve into the air

___ ___ ___ ___ ___ ___ ___ ___ ___
24 8 33 2 32 17 40 11 26

The current style of dress

___ ___ ___ ___ ___ ___ ___
10 35 25 18 42 39 9

22-20-4 9-39-11-18-42-9-7 13-44 16-39-9-26

11-18-17-39-3-7-18 25-4-30-42-19-38 23-30

8-41-42-9-7-22-39-30-37; 13-34-4 42-9

22-23-29-22-42-9-43-25-25 32-10 36-42-9-27

22-38-4 24-33-31-18 38-25-4-20-14-36

32-4-18-43-30 13-1-4-21-43-30 11-18-35-9

21-18-43-36-25-1-22-8-24-25.

# Day 229

## SCRAMBLED CIRCLES

1. EELZIEK
2. DKMOIGN
3. IEATPHOI
4. CELARCNBU
5. HPOHAAR
6. ELDITF
7. ILASN
8. BETLERIR
9. DEJGU
10. APECHROR
11. HHNEAET

These two men went to heaven without dying.

1. ___ ___ ○ ___ ___ ___ ___
2. ___ ___ ○ ___ ___ ___ ___
3. ___ ___ ___ ___ ○ ___ ___ ___
4. ○ ___ ___ ___ ___ ___ ___ ___ ___
5. ___ ___ ___ ___ ___ ___ ○
6. ___ ___ ___ ___ ○ ___
7. ___ ○ ___ ___ ___
8. ___ ___ ___ ___ ○ ___ ___ ___
9. ○ ___ ___ ___ ___
10. ___ ___ ___ ___ ___ ○ ___ ___
11. ___ ___ ___ ___ ○ ___ ___

Answer: ___ ___ ___ ___ ___ and ___ ___ ___ ___ ___ ___

# Day 230

## CRYPTOSCRIPTURES

1. ZO QPGDD, YXR EXWI PLYP G YC MWR: G IGDD ZO OHYDPOR YCWXM PLO LOYPLOX, G IGDD ZO OHYDPOR GX PLO OYTPL.

2. LO PLYP GQ QDWI PW YXMOT GQ ZOPPOT PLYX PLO CGMLPB; YXR LO PLYP TFDOPL LGQ QNGTGP PLYX LO PLYP PYEOPL Y JGPB.

3. IZPNP DEPLZTZA, MZTJGR, MZTJGR, J PDR NEOW OKZZ, ZSBZVO D FDE CZ CWTE WY LDOZT DEA WY OKZ PVJTJO, KZ BDEEWO ZEOZT JEOW OKZ HJEXAWF WY XWA.

# Day 231

## SPOTTY HEADLINES

NEW TESTAMENT HEADLINES

1.

**●OUNG ●AN**
**S●RUGGLES T● PAS●OR**
**FLEDGL●NG C●URCH**

__ __ __ __ __ __ __

2.

**R●NAWAY ●LAV● BEC●●ES**
**A CHRI●T●A●**

__ __ __ __ __ __ __ __

3.

**●ONGU● OF FI●E**
**SAT U●ON SUDD●NLY**
**MULTILINGUAL MAN**

__ __ __ __ __

# Day 232

## BIBLE QUOTATION

PHILIPPIANS 1:6

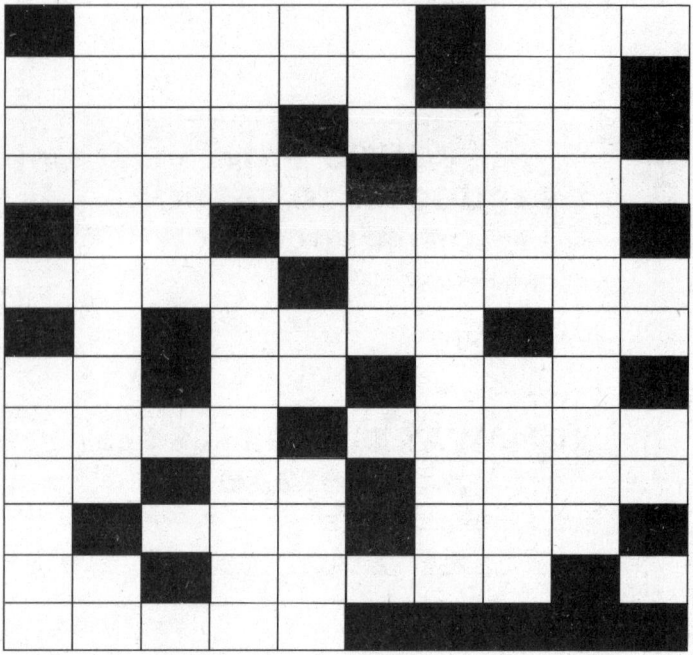

| | | | | | | | | | |
|---|---|---|---|---|---|---|---|---|---|
| F | I | D | I | N | S | T | N | O | N |
| T | H | I | L | N | H | I | A | F | C |
| R | H | I | I | T | B | E | S | Y | T |
| L | H | T | J | E | P | D | R | A | O |
| O | A | E | S | E | G | Y | H | H | I |
| H | A | I | I | G | T | E | C | U | N |
| R | F | L | E | W | V | E | O | W | O |
| H | R | E | S | O | O | D | R | U | |
| T | B | T | H | N | | U | C | F | |
| W | I | | N | T | | U | O | T | |
| | M | | H | | | | G | Y | |
| | K | | G | | | | | | |

# Day 233

## TELEPHONE SCRAMBLES

MUSICAL INSTRUMENTS

| ABC 2 | ABC 2 | PQRS 7 | TUV 8 | ABC 2 | MNO 6 | DEF 3 | TUV 8 | PQRS 7 |
|---|---|---|---|---|---|---|---|---|

| DEF 3 | PQRS 7 | TUV 8 | MNO 6 |
|---|---|---|---|

| GHI 4 | ABC 2 | PQRS 7 | PQRS 7 |
|---|---|---|---|

| JKL 5 | WXYZ 9 | PQRS 7 | DEF 3 |
|---|---|---|---|

| MNO 6 | PQRS 7 | GHI 4 | ABC 2 | MNO 6 |
|---|---|---|---|---|

| TUV 8 | PQRS 7 | TUV 8 | MNO 6 | PQRS 7 | DEF 3 | TUV 8 |
|---|---|---|---|---|---|---|

| WXYZ 9 | GHI 4 | TUV 8 | GHI 4 | DEF 3 | PQRS 7 |
|---|---|---|---|---|---|

## Day 234

## ANAGRAMS

EVENTS. . .

**Not a rice**

__ __ __ __ __ __ __ __

BOOKS OF THE BIBLE. . .

**Hi my tot**

__ __ __ __ __ __ __

NEW TESTAMENT PEOPLE. . .

**A brute aims**

__ __ __ __ __ __ __ __ __ __

# Day 235

## DROP TWO

RUTH

| | | | |
|---|---|---|---|
| SCARLET | Loves | _____ | 1. ___ ___ |
| NIGHTLY | Knotting | _____ | 2. ___ ___ |
| BLARNEY | Discover | _____ | 3. ___ ___ |
| PLEASES | Gross receipts | _____ | 4. ___ ___ |
| INFLAME | Last | _____ | 5. ___ ___ |
| ALIMONY | Italian city | _____ | 6. ___ ___ |
| PROPHET | Spasm | _____ | 7. ___ ___ |
| MISDEAL | Female servants | _____ | 8. ___ ___ |
| COASTER | Vehicles | _____ | 9. ___ ___ |
| SPARING | Corn | _____ | 10. ___ ___ |
| SHINGLE | Burn | _____ | 11. ___ ___ |
| EATABLE | Sheep sound | _____ | 12. ___ ___ |

| | | | | | | | | | | | |
|---|---|---|---|---|---|---|---|---|---|---|---|
| ___ | ___ | ___ | ___ | ___ | ___ | ___ | ___ | ___ | ___ | ___ | ___ |
| ___ | ___ | ___ | ___ | ___ | ___ | ___ | ___ | ___ | ___ | ___ | ___ |
| 1 | 2 | 3 | 4 | 5 | 6 | 7 | 8 | 9 | 10 | 11 | 12 |

# Day 236

## DECODER

MATTHEW 5:44

| | 1 | 2 | 3 | 4 | 5 |
|---|---|---|---|---|---|
| 1 | P | V | Q | C | R |
| 2 | W | D | M | S | O |
| 3 | G | Z | B | Y | I |
| 4 | U | J | F | H | N |
| 5 | T | L | E | K | A |

52-25-12-53 34-25-41-15 53-45-53-23-35-53-24,

33-52-53-24-24 51-44-53-23 51-44-55-51

14-41-15-24-53 34-25-41, 22-25 31-25-25-22

51-25 51-44-53-23 51-44-55-51 44-55-51-53 34-25-41,

55-45-22 11-15-55-34 43-25-15 51-44-53-23

21-44-35-14-44 22-53-24-11-35-51-53-43-41-52-52-34

41-24-53 34-25-41, 55-45-22

11-53-15-24-53-14-41-51-53 34-25-41.

# Day 237

## ACROSTIC

PSALM 19:1

A large tank used for storing liquids

__ __ __
11 36 12

The arrangement of a dance

__ __ __ __ __ __ __ __ __ __ __ __
7 35 19 42 27 39 1 43 20 45 28 8

Lack of hope

__ __ __ __ __ __ __
2 38 9 34 26 17 21

Laboring

__ __ __ __ __ __ __
18 41 25 33 10 6 16

Erroneous thinking

__ __ __ __ __ __ __ __ __
4 22 40 13 3 37 29 23 15

The art of folding paper

__ __ __ __ __ __ __
14 32 31 44 24 30 5

12-35-27 35-23-36-11-23-6-9 2-3-7-37-20-32-3

12-28-27 44-37-19-21-8 14-15 1-39-2;

20-6-2 12-35-3 15-5-21-4-24-30-23-6-12

40-35-27-18-38-12-28 35-22-9

28-26-6-2-8-18-41-25-33.

# Day 238

## SCRAMBLED CIRCLES

1. NRUGBIN
2. OENSSA
3. TMTARE
4. AODHTNUS
5. NPESARIS
6. NSITEG
7. AYREL

This town was known as Jesus' home away from home.

1. ○ _ _ _ _ _ _
2. _ ○ _ _ _ _
3. _ _ _ ○ _ _
4. _ ○ _ _ _ _ _ _
5. _ _ _ _ _ ○ _ _
6. _ _ _ ○ _ _
7. _ _ _ _ ○

Answer: _ _ _ _ _ _ _

# Day 239

## CRYPTOSCRIPTURES

1. SJPAAPQ LA BMP ITU BMTB PUQCYPBM BPIWBTBLVU: OVY EMPU MP LA BYLPQ, MP AMTJJ YPRPLDP BMP RYVEU VO JLOP, EMLRM BMP JVYQ MTBM WYVILAPQ BV BMPI BMTB JVDP MLI.

2. GXY XEYD TDX YMFY KJFA RT EFRJ ZMFQQ YMJ ZXE DK ANLMYJDXZEJZZ FANZJ VNYM MJFQNEL NE MNZ VNELZ; FEI TJ ZMFQQ LD KDAYM, FEI LADV XC FZ BFQWJZ DK YMJ ZYFQQ.

3. MDL UDP XCTB TDB RFX XDT FTBD BRC ZDLHP BD WDTPCVT BRC ZDLHP; EIB BRQB BRC ZDLHP BRLDIUR RFV VFURB EC XQNCP.

# Day 240

## SPOTTY HEADLINES

NEW TESTAMENT HEADLINES

1.

**CHRISTI●● ●ELIEVED TO ●E ORDE●ED TO ●CCOMP●NY EX-PERSECUTOR OF CHRI●TIANS**

__ __ __ __ __ __ __ __

2.

**●ULER SLAUG●TERE● ALL MALE BABIES IN H●PE OF ●LIMINATING FUTURE KING**

__ __ __ __ __

3.

**●BSENT ●AN D●UB●S RE●URRECTION T●EORY**

__ __ __ __ __ __

# Day 241

## BIBLE QUOTATION

PSALM 18:32

| | | | | | | | | | |
|---|---|---|---|---|---|---|---|---|---|
| T | T | T | T | E | N | I | R | D | H |
| T | H | D | M | M | A | W | I | D | E |
| A | H | Y | C | S | G | G | E | T | E |
| I | S | A | I | W | A | Y | O | P | H |
| R | N | E | R | T | | G | T | T | |
| | M | | | E | | K | | H | |
| | F | | | | | | | | |

# Day 242

## TELEPHONE SCRAMBLES

CITIES IN THE NEW TESTAMENT

| ABC 2 | DEF 3 | TUV 8 | GHI 4 | JKL 5 | DEF 3 | GHI 4 | DEF 3 | MNO 6 |
|---|---|---|---|---|---|---|---|---|

| ABC 2 | MNO 6 | PQRS 7 | GHI 4 | MNO 6 | TUV 8 | GHI 4 |
|---|---|---|---|---|---|---|

| JKL 5 | DEF 3 | PQRS 7 | TUV 8 | PQRS 7 | ABC 2 | JKL 5 | DEF 3 | MNO 6 |
|---|---|---|---|---|---|---|---|---|

| MNO 6 | ABC 2 | WXYZ 9 | ABC 2 | PQRS 7 | DEF 3 | TUV 8 | GHI 4 |
|---|---|---|---|---|---|---|---|

| PQRS 7 | MNO 6 | MNO 6 | DEF 3 |
|---|---|---|---|

| TUV 8 | ABC 2 | PQRS 7 | PQRS 7 | TUV 8 | PQRS 7 |
|---|---|---|---|---|---|

## Day 243

## ANAGRAMS

BOOKS OF THE BIBLE. . .

**Snag a tail**

_ _ _ _ _ _ _ _ _

NEW TESTAMENT PEOPLE. . .

**A moot grains ad**

_ _ _ _

_ _ _ _ _ _ _ _ _

RIVERS/BODIES OF WATER. . .

**Reed meant rain**

_ _ _ _ _ _ _ _ _ _ _ _ _

# Day 244

## DROP TWO

GALATIANS

| | | | |
|---|---|---|---|
| BEATLES | Rent | _____ | 1. ___ ___ |
| HECKLER | Salesperson | _____ | 2. ___ ___ |
| ANTIQUE | One of five | _____ | 3. ___ ___ |
| REDRESS | Plant starters | _____ | 4. ___ ___ |
| STYGIAN | Goliath | _____ | 5. ___ ___ |
| BEDSIDE | Agreed with | _____ | 6. ___ ___ |
| ONEROUS | Sleep noise | _____ | 7. ___ ___ |
| REGNANT | Representative | _____ | 8. ___ ___ |
| SWARMED | Heats | _____ | 9. ___ ___ |
| ANOTHER | Brier | _____ | 10. ___ ___ |
| NOCTURN | Woo | _____ | 11. ___ ___ |
| ONWARDS | Sketched | _____ | 12. ___ ___ |

| 1 | 2 | 3 | 4 | 5 | 6 | 7 | 8 | 9 | 10 | 11 | 12 |
|---|---|---|---|---|---|---|---|---|---|---|---|
| ___ | ___ | ___ | ___ | ___ | ___ | ___ | ___ | ___ | ___ | ___ | ___ |
| ___ | ___ | ___ | ___ | ___ | ___ | ___ | ___ | ___ | ___ | ___ | ___ |

# Day 245

## DECODER

PROVERBS 30:5

| | 1 | 2 | 3 | 4 | 5 |
|---|---|---|---|---|---|
| 1 | P | V | Q | C | R |
| 2 | W | D | M | S | O |
| 3 | G | Z | B | Y | I |
| 4 | U | J | F | H | N |
| 5 | T | L | E | K | A |

53-12-53-15-34 21-25-15-22 25-43 31-25-22

35-24 11-41-15-53: 44-53 35-24 55

24-44-35-53-52-22 41-45-51-25 51-44-53-23

51-44-55-51 11-41-51 51-44-53-35-15

51-15-41-24-51 35-45 44-35-23.

# Day 246

## ACROSTIC

ROMANS 12:9

An opening in a building for letting in light or air

__ __ __ __ __ __
16 22 5 28 32 20

An understanding after an event of what should have been done

__ __ __ __ __ __ __ __ __
14 36 6 21 1 42 37 26 9

Usable

__ __ __ __ __ __
3 15 41 8 27 33

The month after February

__ __ __ __ __
19 39 13 10 31

Innocent

__ __ __ __ __ __ __ __ __
38 11 35 23 43 17 25 4 30

Migraine

__ __ __ __ __ __ __ __
2 34 7 24 29 18 12 40

27-33-9 23-32-3-25 8-40 16-35-9-31-32-11-43

21-15-1-30-15-19-11-27-7-9-22-32-5. 39-8-14-32-13

43-2-7-43 20-12-35-18-31 36-1 25-3-42-17;

10-27-34-41-3-25 43-32 43-2-29-43

16-26-22-18-2 42-4 37-32-32-24.

## Day 247

# SCRAMBLED CIRCLES

1. WDEPOL
2. TEHELB
3. DVDIDEI
4. SCNEINE
5. GMIEAS
6. RENTUR
7. HRBESACN
8. RPDAET
9. NDEOIRIS

The great devourer as described in Job.

1. __ ○ __ __ __ __
2. __ __ __ __ ○ __
3. __ __ ○ __ __ __ __
4. ○ __ __ __ __ __ __
5. __ __ ○ __ __ __
6. __ __ ○ __ __ __
7. __ __ __ __ __ ○ __ __
8. __ __ __ ○ __ __
9. __ __ __ __ __ __ __ ○

Answer: __ __ __ __ __ __ __ __ __

# Day 248

## CRYPTOSCRIPTURES

1. CDAN ZDRHC MAC CRXB CDB MRUB AJ CDB HAVQ CDT WAQ OM EROM; JAV CDB HAVQ YOHH MAC DAHQ DOU WNOHCHBZZ CDRC CRXBCD DOZ MRUB OM EROM.

2. GRF ENPVP GVZCP RZE G AVZANPE CDRBP DR DCVGPI IDXP MREZ TZCPC, KNZT ENP IZVF XRPK LGBP EZ LGBP.

3. OLN DMW PTSN YMOPP NWPUGWS CW HSTC WGWSV WGUP ITSX, OLN IUPP ESWYWSGW CW ZLDT MUY MWOGWLPV XULRNTC: DT IMTC FW RPTSV HTS WGWS OLN WGWS. OCWL.

Day 249

## SPOTTY HEADLINES

NEW TESTAMENT HEADLINES

1.

**MAN DEAD FO● FO●R D●YS**
**COME● B●CK TO ●IFE**
**WITH ●EST**

_ _ _ _ _ _ _

2.

**●URI●US PHAR●S●E SEEKS**
**TO●GH AN●WERS IN**
**●ID●LE OF ●IGHT**

_ _ _ _ _ _ _ _ _

3.

**F●ITHFUL MAN**
**●ENERO●SLY HELP●**
**FELLOW BEL●EVERS**

_ _ _ _ _

# Day 250

## BIBLE QUOTATION

JEREMIAH 29:13

| | | | | | | | | | |
|---|---|---|---|---|---|---|---|---|---|
| T | L | N | D | S | Y | H | K | S | D |
| A | Y | L | H | D | E | E | I | A | Y |
| E | M | A | I | T | F | E | N | N | E |
| E | A | E | N | R | H | F | A | L | M |
| A | R | S | U | A | H | L | E | S | H |
| E | | C | H | W | L | O | R | | M |
| | | W | | | | E | | | L |
| | | O | | | | | | | R |

# Day 251

## TELEPHONE SCRAMBLES

CONVERSIONS IN THE NEW TESTAMENT

| ABC 2 | ABC 2 | MNO 6 | ABC 2 | ABC 2 | MNO 6 | GHI 4 | TUV 8 | DEF 3 |
|---|---|---|---|---|---|---|---|---|

| ABC 2 | DEF 3 | MNO 6 | TUV 8 | TUV 8 | PQRS 7 | GHI 4 | MNO 6 | MNO 6 |
|---|---|---|---|---|---|---|---|---|

| JKL 5 | DEF 3 | PQRS 7 | DEF 3 | PQRS 7 |
|---|---|---|---|---|

| MNO 6 | ABC 2 | PQRS 7 | TUV 8 | GHI 4 | ABC 2 |
|---|---|---|---|---|---|

| PQRS 7 | ABC 2 | TUV 8 | JKL 5 |
|---|---|---|---|

| PQRS 7 | TUV 8 | ABC 2 | JKL 5 | GHI 4 | ABC 2 | ABC 2 | MNO 6 |
|---|---|---|---|---|---|---|---|

| PQRS 7 | ABC 2 | MNO 6 | ABC 2 | PQRS 7 | GHI 4 | TUV 8 | ABC 2 | MNO 6 |
|---|---|---|---|---|---|---|---|---|

# Day 252

## ANAGRAMS

BAD GUYS. . .

**I joust as I card**

_ _ _ _ _

_ _ _ _ _ _ _ _

BOOKS OF THE BIBLE. . .

**A rich haze**

_ _ _ _ _ _ _ _ _

PLACES. . .

**O lost movie fun**

_ _ _ _ _  _ _

_ _ _ _ _ _

# Day 253

## DROP TWO

JOHN

| | | | |
|---|---|---|---|
| CORONET | Sing | _____ | 1. __ __ |
| HABITED | Decreased | _____ | 2. __ __ |
| ANDIRON | Deplete | _____ | 3. __ __ |
| CAPTURE | Prank | _____ | 4. __ __ |
| HOMERIC | Felony | _____ | 5. __ __ |
| BEATING | Human | _____ | 6. __ __ |
| SLAVISH | Closed vessels | _____ | 7. __ __ |
| TENSILE | Clothes ropes | _____ | 8. __ __ |
| SWARMED | Imagine | _____ | 9. __ __ |
| COASTER | Grocery helps | _____ | 10. __ __ |
| REDSKIN | Glided over snow | _____ | 11. __ __ |
| LAMBERT | Dark yellow | _____ | 12. __ __ |
| MILDEST | Set of steps | _____ | 13. __ __ |

| 1 | 2 | 3 | 4 | 5 | 6 | 7 | 8 | 9 | 10 | 11 | 12 | 13 |
|---|---|---|---|---|---|---|---|---|---|---|---|---|
| | | | | | | | | | | | | |
| | | | | | | | | | | | | |

# Day 254

## DECODER

JAMES 1:5

| | 1 | 2 | 3 | 4 | 5 |
|---|---|---|---|---|---|
| 1 | P | V | Q | C | R |
| 2 | W | D | M | S | O |
| 3 | G | Z | B | Y | I |
| 4 | U | J | F | H | N |
| 5 | T | L | E | K | A |

35-43 55-45-34 25-43 34-25-41 52-55-14-54

21-35-24-22-25-23, 52-53-51 44-35-23 55-24-54

25-43 31-25-22, 51-44-55-51 31-35-12-53-51-44

51-25 55-52-52 23-53-45 52-35-33-53-15-55-52-52-34,

55-45-22 41-11-33-15-55-35-22-53-51-44 45-25-51;

55-45-22 35-51 24-44-55-52-52 33-53

31-35-12-53-45 44-35-23.

# Day 255

## ACROSTIC

ROMANS 12:21

Getting back at someone

___ ___ ___ ___ ___ ___ ___
20 29 5 16 11 2 22

A piece of furniture to sit on

___ ___ ___ ___ ___
4 18 7 10 32

To remove an arm or leg, usually in surgery

___ ___ ___ ___ ___ ___ ___ ___
28 12 35 17 25 3 21 34

Made from a tree

___ ___ ___ ___ ___ ___
15 23 19 1 26 8

Costing nothing

___ ___ ___ ___
13 31 9 24

To assess fault

___ ___ ___ ___ ___
27 33 6 14 30

27-34 11-19-25 23-5-29-20-4-23-12-16 19-13

26-5-10-33, 27-17-25 23-5-22-31-4-19-14-30

9-5-10-33 15-10-21-18 2-23-19-1.

# Day 256

## SCRAMBLED CIRCLES

1. NUTJDEMG
2. CHEKOML
3. NREGVA
4. URSUPE
5. ESIFIMHC
6. OFWLAL
7. LTUTUM
8. RAEDEP
9. RMERDU

King David established this city as the capital of Israel and Judah.

1. ○ _ _ _ _ _ _ _
2. _ ○ _ _ _ _ _
3. _ ○ _ _ _ _
4. _ _ _ _ ○ _
5. _ _ ○ _ _ _ _ _
6. _ ○ _ _ _ _
7. _ _ _ _ ○ _
8. _ ○ _ _ _ _
9. ○ _ _ _ _ _

Answer: _ _ _ _ _ _ _ _ _

# Day 257

## CRYPTOSCRIPTURES

1. YS BOAI DATNGYA BOSG NHB UGZAENHR, NIJ IAWBOAH TSUJ ISH OSB, W EWUU YXGA BOAA SGB SQ RL RSGBO.

2. KTI TWY YVZ FKXXLUQF FVWN? KXLQU, KTI EU EKDFLMUI, KTI YKQV KYKZ FVZ QLTQ, PKGGLTO WT FVU TKSU WC FVU GWXI.

3. IZ NSRWW BCWCJZXYWI VZZF YSZ OQEERXBEZXYN QG YSZ WQAB IQHA JQB, RXB SCN YZNYCEQXCZN, RXB SCN NYRYHYZN, DSCOS SZ SRYS OQEERXBZB YSZZ.

## SPOTTY HEADLINES

NEW TESTAMENT HEADLINES

1.

**B●AV● MAN ATTEM●TS ●O WALK ON WAT●R**

__ __ __ __ __

2.

**OV●R FIVE THO●●AND PEOPLE ARE FED BY ●U●T MAN**

__ __ __ __ __

3.

**A●ROGAN● ●OMINE●RING MAN REJ●CT● A●OST●LIC AUT●OR●TY**

__ __ __ __ __ __ __ __ __ __

# Day 259

## BIBLE QUOTATION

PSALM 73:28

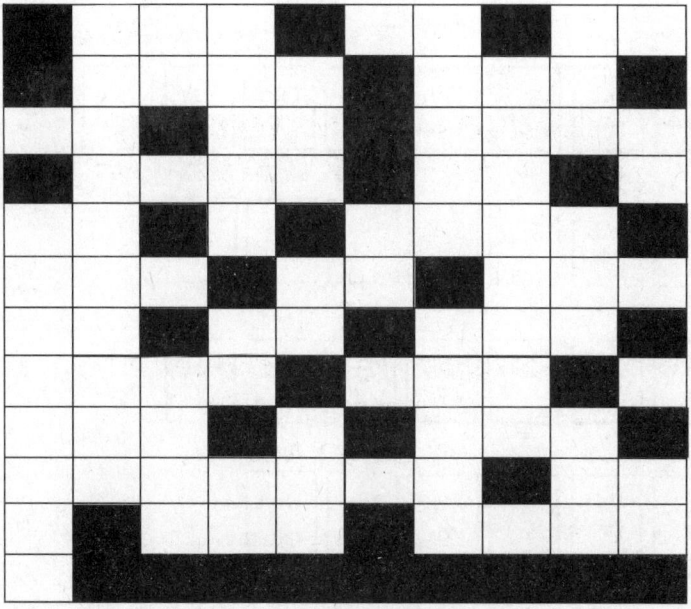

| | | | | | | | | | |
|---|---|---|---|---|---|---|---|---|---|
| M | B | E | T | M | I | O | O | R | L |
| S | G | C | O | N | R | M | R | A | K |
| L | E | U | T | A | H | E | O | Y | W |
| H | N | O | L | Y | Y | D | O | A | G |
| D | D | R | H | D | G | T | T | E | S |
| L | U | T | I | O | | A | H | R | U |
| S | T | T | I | R | | W | V | R | T |
| O | O | T | D | I | | T | A | I | |
| P | A | | A | | | F | D | E | |
| | E | | | | | T | | | |

# Day 260

## TELEPHONE SCRAMBLES

NAMES FOR CHRIST

| ABC 2 | JKL 5 | MNO 6 | GHI 4 | GHI 4 | GHI 4 | TUV 8 | WXYZ 9 |
|---|---|---|---|---|---|---|---|

| ABC 2 | JKL 5 | DEF 3 | PQRS 7 | PQRS 7 | DEF 3 | DEF 3 |
|---|---|---|---|---|---|---|

| MNO 6 | DEF 3 | PQRS 7 | PQRS 7 | GHI 4 | ABC 2 | GHI 4 |
|---|---|---|---|---|---|---|

| PQRS 7 | PQRS 7 | GHI 4 | MNO 6 | ABC 2 | DEF 3 |
|---|---|---|---|---|---|

| PQRS 7 | DEF 3 | DEF 3 | DEF 3 | DEF 3 | MNO 6 | DEF 3 | PQRS 7 |
|---|---|---|---|---|---|---|---|

| PQRS 7 | ABC 2 | TUV 8 | GHI 4 | MNO 6 | TUV 8 | PQRS 7 |
|---|---|---|---|---|---|---|

| PQRS 7 | GHI 4 | DEF 3 | PQRS 7 | GHI 4 | DEF 3 | PQRS 7 | DEF 3 |
|---|---|---|---|---|---|---|---|

# Day 261

## ANAGRAMS

Bible Cities. . .

**A sud scam**

_ _ _ _ _ _ _ _

Books of the Bible. . .

**Undo mere toy**

_ _ _ _ _ _ _ _ _ _ _

Places. . .

**Atom is a poem**

_ _ _ _ _ _ _ _ _ _ _

# Day 262

## DROP TWO

TITUS

| | | | |
|---|---|---|---|
| CHEETAH | Instruct | _____ | 1. ___ ___ |
| FLOATER | Another time | _____ | 2. ___ ___ |
| LEATHER | Not here | _____ | 3. ___ ___ |
| DIEHARD | Listened | _____ | 4. ___ ___ |
| DIALECT | Woven | _____ | 5. ___ ___ |
| HARMONY | City official | _____ | 6. ___ ___ |
| FREIGHT | Not our | _____ | 7. ___ ___ |
| FEARFUL | Beacon | _____ | 8. ___ ___ |
| CAPITOL | Theme | _____ | 9. ___ ___ |
| SWARMED | Fantasize | _____ | 10. ___ ___ |
| ENDMOST | Darns | _____ | 11. ___ ___ |
| STEWART | Refuse | _____ | 12. ___ ___ |
| DOLTISH | Works | _____ | 13. ___ ___ |

___ ___ ___ ___ ___ ___ ___ ___ ___ ___ ___ ___ ___

___ ___ ___ ___ ___ ___ ___ ___ ___ ___ ___ ___ ___

1 2 3 4 5 6 7 8 9 10 11 12 13

# Day 263

## DECODER

PSALM 5:8

| | 1 | 2 | 3 | 4 | 5 |
|---|---|---|---|---|---|
| 1 | P | V | Q | C | R |
| 2 | W | D | M | S | O |
| 3 | G | Z | B | Y | I |
| 4 | U | J | F | H | N |
| 5 | T | L | E | K | A |

52-53-55-22 23-53, 25 52-25-15-22, 35-45

51-44-34 15-35-31-44-51-53-25-41-24-45-53-24-24

33-53-14-55-41-24-53 25-43 23-35-45-53

53-45-53-23-35-53-24; 23-55-54-53 51-44-34

21-55-34 24-51-15-55-35-31-44-51

33-53-43-25-15-53 23-34 43-55-14-53.

# Day 264

## ACROSTIC

1 CORINTHIANS 10:31

To make someone laugh by a touch

___ ___ ___ ___ ___ ___
10 36 32 3 26 43

A creature said to have breathed fire

___ ___ ___ ___ ___ ___
39 9 30 14 19 2

Foolishness

___ ___ ___ ___ ___
31 11 15 6 23

A forked breastbone in most birds

___ ___ ___ ___ ___ ___ ___ ___
16 42 24 1 12 28 4 33

The science of farming

___ ___ ___ ___ ___ ___ ___ ___ ___ ___ ___
35 5 25 45 40 27 22 13 38 29 20

Able to shield from injury

___ ___ ___ ___ ___ ___ ___ ___ ___ ___
18 8 41 34 21 7 37 46 17 44

16-1-43-13-1-21-29 37-1-33-25-43-31-41-29-33

23-21 20-35-10, 19-8 39-25-36-2-3, 11-8

16-1-30-13-24-41-44-17-21-9 23-20 39-28, 39-19

35-22-15 13-41 34-1-43 14-26-28-25-23

41-31 5-28-39.

# Day 265

## SCRAMBLED CIRCLES

1. AOHBIAD
2. ETLSUBB
3. YIMTHG
4. IRNEMA
5. DISFLE
6. STHTRI
7. LPRIAEV
8. ERBSEHCA

She was the mother of Ahaziah.

1. _ _ _ _ _ ○ _
2. _ ○ _ _ _ _ _
3. _ _ _ ○ _ _
4. _ _ _ ○ _ _
5. _ _ _ ○ _ _
6. _ _ ○ _ _ _
7. _ _ _ _ ○ _ _
8. _ _ _ _ _ ○ _ _

Answer: _ _ _ _ _ _ _ _

# Day 266

## CRYPTOSCRIPTURES

1. ERPQ YILB XSI PEBC, LRC KIBMI SVF VR XBHXS TVXS LPP QEHB SILBX: YEB OERKVCIB SET DBILX XSVRDK SI SLXS CERI YEB QEH.

2. TYDYKVPYZYBB CSK VPI UKYGV QYKALYB' BGEY VPSH JLJBV TSV HVVYKZI ASTBHQY VPYQ, TSK CSKBGEY VPYQ; CSK VPSH GKV G UKGALSHB GTJ QYKALCHZ USJ.

3. FSB MT GSIM EDFE FYY EDLSQZ MICG EIQTEDTC JIC QIIB EI EDTN EDFE YIAT QIB, EI EDTN MDI FCT EDT VFYYTB FVVICBLSQ EI DLZ KPCKIZT.

# Day 267

## SPOTTY HEADLINES

NEW TESTAMENT HEADLINES

1.

**ONL● VIRGIN WO●AN**
**EVER TO GIVE BI●TH**
**TO B●BY SON**

— — — —

2.

**●●EATLY DE●ON-POSS●SSED**
**WO●A● IS FIN●LL● H●ALED**
**●ND C●E●NSE●**

— — — —

— — — — — — — — —

3.

**●AREFUL MOTH●R**
**UNKNOWINGLY PR●PARES SO●**
**FOR F●TURE MIN●STRY**

— — — — — —

# Day 268

## BIBLE QUOTATION

COLOSSIANS 3:2

| | | | | | | | | | |
|---|---|---|---|---|---|---|---|---|---|
| R | O | S | O | E | C | I | N | U | N |
| | A | F | E | T | H | E | N | O | S |
| | O | N | F | V | E | T | O | G | A |
| | A | N | | T | H | Y | I | E | R |
| | O | H | | T | H | I | N | G | T |
| | T | B | | T | | | | O | S |
| | | N | | | | | | | |

# Day 269

## TELEPHONE SCRAMBLES

### CITIES IN THE OLD TESTAMENT

| ABC 2 | ABC 2 | ABC 2 | WXY 9 | JKL 5 | MNO 6 | MNO 6 |
|---|---|---|---|---|---|---|

| ABC 2 | DEF 3 | TUV 8 | GHI 4 | DEF 3 | JKL 5 |
|---|---|---|---|---|---|

| DEF 3 | ABC 2 | MNO 6 | ABC 2 | PQRS 7 | ABC 2 | TUV 8 | PQRS 7 |
|---|---|---|---|---|---|---|---|

| GHI 4 | ABC 2 | WXYZ 9 | ABC 2 |
|---|---|---|---|

| JKL 5 | DEF 3 | PQRS 7 | GHI 4 | ABC 2 | GHI 4 | MNO 6 |
|---|---|---|---|---|---|---|

| MNO 6 | GHI 4 | MNO 6 | DEF 3 | TUV 8 | DEF 3 | GHI 4 |
|---|---|---|---|---|---|---|

| PQRS 7 | ABC 2 | MNO 6 | ABC 2 | PQRS 7 | GHI 4 | ABC 2 |
|---|---|---|---|---|---|---|

## ANAGRAMS

BOOKS OF THE BIBLE. . .

**A calm hi**

_ _ _ _ _ _ _

WOMEN OF THE BIBLE. . .

**Lithe base**

_ _ _ _ _ _ _ _ _

KINGS. . .

**Rip a gap**

_ _ _ _ _ _ _

# Day 271

## DROP TWO

GENESIS

| | | | |
|---|---|---|---|
| GRADING | 1,000 | _____ | 1. ___ ___ |
| VENISON | Climbing plants | _____ | 2. ___ ___ |
| HUNDRED | Below | _____ | 3. ___ ___ |
| CLAIMED | Award of honor | _____ | 4. ___ ___ |
| FARMERS | Skeleton | _____ | 5. ___ ___ |
| ELATION | Romance | _____ | 6. ___ ___ |
| AWARDED | Fear | _____ | 7. ___ ___ |
| WRITTEN | Correspond | _____ | 8. ___ ___ |
| MISSILE | Becomes slender | _____ | 9. ___ ___ |
| DAMMING | Urchin | _____ | 10. ___ ___ |
| ABDOMEN | Studied | _____ | 11. ___ ___ |
| EGGHEAD | Encircle | _____ | 12. ___ ___ |
| NEAREST | Look fixedly | _____ | 13. ___ ___ |

| | | | | | | | | | | | | |
|---|---|---|---|---|---|---|---|---|---|---|---|---|
| ___ | ___ | ___ | ___ | ___ | ___ | ___ | ___ | ___ | ___ | ___ | ___ | ___ |
| ___ | ___ | ___ | ___ | ___ | ___ | ___ | ___ | ___ | ___ | ___ | ___ | ___ |
| 1 | 2 | 3 | 4 | 5 | 6 | 7 | 8 | 9 | 10 | 11 | 12 | 13 |

# Day 272

## DECODER

1 CORINTHIANS 9:24

| | 1 | 2 | 3 | 4 | 5 |
|---|---|---|---|---|---|
| 1 | P | V | Q | C | R |
| 2 | W | D | M | S | O |
| 3 | G | Z | B | Y | I |
| 4 | U | J | F | H | N |
| 5 | T | L | E | K | A |

54-45-25-21 34-53 45-25-51 51-44-55-51

51-44-53-34 21-44-35-14-44 15-41-45 35-45

55 15-55-14-53 15-41-45 55-52-52, 33-41-51

25-45-53 15-53-14-53-35-12-53-51-44 51-44-53

11-15-35-32-53? 24-25 15-41-45, 51-44-55-51

34-53 23-55-34 25-33-51-55-35-45.

# Day 273

## ACROSTIC

1 CORINTHIANS 12:13

A man's suit worn for a semiformal or formal occasion

___ ___ ___ ___ ___ ___
11 39 20 2 26 35

A collection of rings, bracelets, or necklaces

___ ___ ___ ___ ___ ___ ___
30 5 25 12 16 19 8

The branch of biology that studies animals

___ ___ ___ ___ ___ ___ ___
29 36 4 24 33 15 38

Material

___ ___ ___ ___ ___ ___
32 3 21 13 7 6

A trail

___ ___ ___ ___
17 22 1 27

A ship that can operate underwater

___ ___ ___ ___ ___ ___ ___ ___ ___
14 34 9 28 18 37 31 10 23

32-35-13 9-38 35-10-23 14-17-7-37-31-1

22-13-12 25-2 18-16-24 9-3-17-11-7-29-2-26

31-10-11-35 4-10-12 9-35-26-8,

25-27-5-1-27-23-13 25-12 21-2

30-12-25-14 35-13 15-2-10-11-7-16-12-14,

25-27-23-1-27-23-37 25-12 9-23 21-4-10-26

33-19 32-19-23-12.

# Day 274

## SCRAMBLED CIRCLES

1. TEDEADCI
2. ETNWIRT
3. OGORNVRE
4. NESTARV
5. VREIR
6. GBNUIDLI
7. OPUN
8. OSENIDTI

This Roman coin was equivalent in weight to the Hebrew shekel.

1. ___ ___ ○ ___ ___ ___ ___ ___
2. ___ ___ ___ ___ ___ ○ ___
3. ___ ___ ___ ___ ___ ○ ___ ___
4. ___ ___ ___ ___ ○ ___ ___
5. ○ ___ ___ ___ ___
6. ___ ___ ○ ___ ___ ___ ___ ___
7. ○ ___ ___ ___
8. ○ ___ ___ ___ ___ ___ ___ ___

Answer: ___ ___ ___ ___ ___ ___ ___ ___

## CRYPTOSCRIPTURES

1. KW QUPWZEH ZYP DYRBSDI; KER SD WNWPG RBSDI KG CPUGWP UDF JECCHSQURSYD LSRB RBUDXJISNSDI HWR GYEP PWVEWJRJ KW TUFW XDYLD EDRY IYF.

2. ERYRNZ NH TMOR, ZMP PEGP KR TMORC XMC, LBP PEGP ER TMORC BH, GZC HRZP ENH HMZ PM LR PER VYMVNPNGPNMZ JMY MBY HNZH.

3. EAV WF XEGV QI QWFH ERR, GY EAO HEA JGRR PIHF EYQFB HF, RFQ WGH VFAO WGHXFRY, EAV QENF DM WGX PBIXX VEGRO, EAV YIRRIJ HF.

## Day 276

## SPOTTY HEADLINES

NEW TESTAMENT HEADLINES

1.

**TR●STED FRIEN●**
**BETR●Y● ●UST MAN**

__ __ __ __ __

2.

**KING ●PP●RENTLY**
**LISTENS TO ●RISONE●'S**
**●RIP●ING TEST●MONY**

__ __ __ __ __ __ __

3.

**MA● COMM●●DED TO**
**B●PT●ZE ●N EX-PER●ECUTOR**

__ __ __ __ __ __ __

# Day 277

## BIBLE QUOTATION

ROMANS 8:5

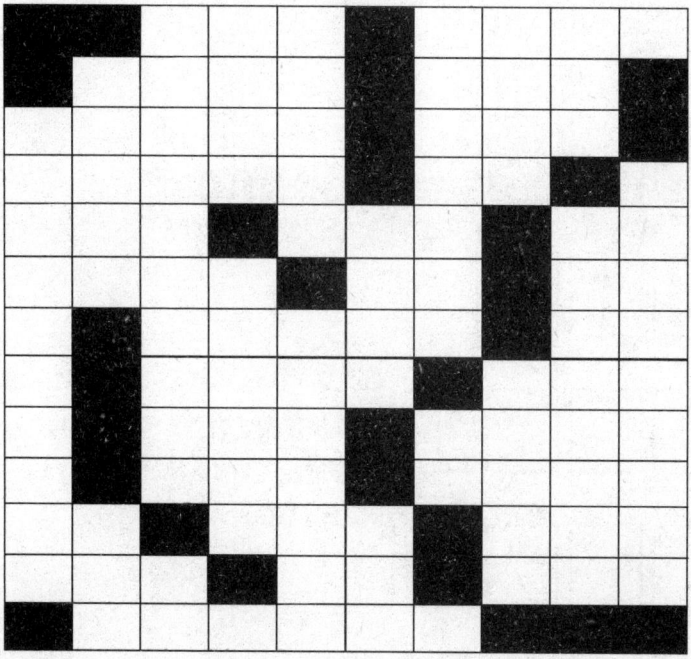

| | | | | | | | | | |
|---|---|---|---|---|---|---|---|---|---|
| A | L | H | A | E | O | D | T | T | I |
| F | N | T | E | E | S | E | F | T | E |
| I | N | E | R | E | Y | F | T | B | M |
| I | G | D | L | E | F | A | T | H | H |
| E | F | A | H | R | I | S | R | E | H |
| T | T | T | I | T | H | T | H | E | E |
| T | S | G | O | R | E | A | P | E | U |
| R | T | S | T | O | | T | H | I | R |
| I | | P | S | R | | H | O | T | A |
| N | | F | S | H | | T | | H | Y |
| | | F | H | T | | | | H | |
| | | T | | H | | | | | |

Day 278

# TELEPHONE SCRAMBLES

## CHRIST FIGURES IN THE OLD TESTAMENT

| ABC 2 | ABC 2 | PQRS 7 | ABC 2 | GHI 4 | ABC 2 | MNO 6 |
|---|---|---|---|---|---|---|

| ABC 2 | DEF 3 | ABC 2 | MNO 6 |
|---|---|---|---|

| DEF 3 | ABC 2 | TUV 8 | GHI 4 | DEF 3 |
|---|---|---|---|---|

| GHI 4 | PQRS 7 | ABC 2 | ABC 2 | ABC 2 |
|---|---|---|---|---|

| JKL 5 | MNO 6 | MNO 6 | ABC 2 | GHI 4 |
|---|---|---|---|---|

| MNO 6 | MNO 6 | PQRS 7 | DEF 3 | PQRS 7 |
|---|---|---|---|---|

| MNO 6 | MNO 6 | ABC 2 | GHI 4 |
|---|---|---|---|

## Day 279

## ANAGRAMS

BOOKS OF THE BIBLE. . .

**So scan oils**

_ _ _ _ _ _ _ _ _ _

WOMEN OF THE BIBLE. . .

**Hail led**

_ _ _ _ _ _ _

EVENTS. . .

**Puts pearls**

_ _ _ _  _ _ _ _ _ _

# Day 280

## DROP TWO

JOSHUA

| | | | |
|---|---|---|---|
| GRAFTED | Swap | _____ | 1. __ __ |
| PLATOON | Shrub | _____ | 2. __ __ |
| DEAREST | Pester | _____ | 3. __ __ |
| MARTIAL | Warning | _____ | 4. __ __ |
| REFRESH | Allude | _____ | 5. __ __ |
| WEATHER | Organ | _____ | 6. __ __ |
| LITERAL | Not now | _____ | 7. __ __ |
| STATION | Smooth cloth | _____ | 8. __ __ |
| THROUGH | Strong | _____ | 9. __ __ |
| TRACKED | Squeak | _____ | 10. __ __ |
| FRESHET | Releases | _____ | 11. __ __ |
| MESSIAH | Not right | _____ | 12. __ __ |
| ELYSIAN | Murdered | _____ | 13. __ __ |

| | | | | | | | | | | | | |
|---|---|---|---|---|---|---|---|---|---|---|---|---|
| __ | __ | __ | __ | __ | __ | __ | __ | __ | __ | __ | __ | __ |
| __ | __ | __ | __ | __ | __ | __ | __ | __ | __ | __ | __ | __ |
| 1 | 2 | 3 | 4 | 5 | 6 | 7 | 8 | 9 | 10 | 11 | 12 | 13 |

# Day 281

## DECODER

ECCLESIASTES 3:1

| | 1 | 2 | 3 | 4 | 5 |
|---|---|---|---|---|---|
| 1 | P | V | Q | C | R |
| 2 | W | D | M | S | O |
| 3 | G | Z | B | Y | I |
| 4 | U | J | F | H | N |
| 5 | T | L | E | K | A |

51-25 53-12-53-15-34 51-44-35-45-31

51-44-53-15-53 35-24 55 24-53-55-24-25-45,

55-45-22 55 51-35-23-53 51-25 53-12-53-15-34

11-41-15-11-25-24-53 41-45-22-53-15 51-44-53

44-53-55-12-53-45.

# Day 282

## ACROSTIC

1 CORINTHIANS 10:33

A violent tropical storm with winds over 74 mph

___ ___ ___ ___ ___ ___ ___ ___ ___
23 38 9 20 40 30 34 13 28

General good health and strength

___ ___ ___ ___ ___ ___ ___
36 10 33 21 4 27 14

The use of charms or spells, supposedly to control events

___ ___ ___ ___ ___
15 31 5 41 22

A light, purplish blue

___ ___ ___ ___ ___ ___ ___ ___ ___ ___
37 42 8 7 25 46 3 39 18 47

Open to criticism

___ ___ ___ ___ ___ ___ ___ ___ ___ ___
32 6 24 2 35 16 26 45 29 19

At a distance

___ ___ ___ ___ ___ ___
44 17 11 43 1 12

4-32-35-21 31-27 46 37-24-35-26-14-35

26-18-29 15-4-13 40-11 34-24-18

33-23-10-2-5-14, 3-17-33 27-4-28-39-41-21-5

15-41-21-47 17-25-13 37-20-17-36-10-33, 45-6-33

33-23-42 37-12-17-36-41-33 17-36 15-34-21-44,

33-23-31-33 33-23-19-44 15-26-44 45-28

27-31-32-4-43.

# Day 283

## SCRAMBLED CIRCLES

1. ELSETIV
2. EPRAVSOS
3. BALSM
4. ETRIBM
5. SRMA
6. URENBM
7. ASUDIR
8. CEERED
9. LIDKEL
10. VEESN

An outdoor shelter for holding religious services.

1. _ _ _ _ ○ _ _
2. _ ○ _ _ _ _ _ _
3. _ _ _ ○ _
4. _ _ _ _ ○ _
5. ○ _ _ _
6. ○ _ _ _ _ _
7. _ ○ _ _ _ _
8. _ _ ○ _ _ _
9. _ _ _ ○ _ _
10. _ ○ _ _ _

Answer: _ _ _ _ _ _ _ _ _ _

# Day 284

## CRYPTOSCRIPTURES

1. CAL XWP IGTL YGL VCRL ZAXG XWP QGDCA, QWCX RV XWRV XWCX XWGZ WCVX LGAP? CAL XWP QGDCA VCRL, XWP VPTJPAX EPYZRIPL DP, CAL R LRL PCX.

2. NIS AKNISDH HIKUU JXN GS ZEN NX OSKNI AXD NIS VIQUODSJ, JSQNISD HIKUU NIS VIQUODSJ GS ZEN NX OSKNI AXD NIS AKNISDH: STSDF CKJ HIKUU GS ZEN NX OSKNI AXD IQH XRJ HQJ.

3. Q CQDD AUOQGX VNXX; KYU Q OS KXOUKLDDM OHW CYHWXUKLDDM SOWX: SOURXDDYLG OUX VNM CYUZG; OHW VNOV SM GYLD ZHYCXVN UQBNV CXDD.

## SPOTTY HEADLINES

NEW TESTAMENT HEADLINES

1.

**M●N WONDE●S HOW BOY'S LU●CH WILL F●E● A CRO●D**

— — — — — —

2.

**●OTHER PL●NS FOR WEL●-B●ING OF DI●CIPLE BR●THERS**

— — — — — —

3.

**WOM●N D●ES INST●NTLY FO● LYING ●C●EME AND KEEPING ●ART OF ●ROCEEDS**

— — — — — — — —

# Day 286

## BIBLE QUOTATION

PSALM 91:2

| | | | | | | | | | |
|---|---|---|---|---|---|---|---|---|---|
| R | O | R | E | I | U | I | S | L | Y |
| Y | D | I | M | E | H | G | E | U | O |
| N | L | L | S | F | L | F | R | R | M |
| I | D | W | I | L | M | I | S | A | A |
| T | E | F | N | T | H | T | O | G | T |
| I | | S | H | Y | | E | M | | O |
| R | | | | | | Y | | | W |
| D | | | | | | | | | S |

## Day 287

# TELEPHONE SCRAMBLES

GOD IS. . .

| DEF 3 | TUV 8 | DEF 3 | PQRS 7 | MNO 6 | ABC 2 | JKL 5 |
|---|---|---|---|---|---|---|

| GHI 4 | PQRS 7 | ABC 2 | ABC 2 | GHI 4 | MNO 6 | TUV 8 | PQRS 7 |
|---|---|---|---|---|---|---|---|

| GHI 4 | MNO 6 | JKL 5 | WXYZ 9 |
|---|---|---|---|

| GHI 4 | MNO 6 | DEF 3 | GHI 4 | MNO 6 | GHI 4 | TUV 8 | DEF 3 |
|---|---|---|---|---|---|---|---|

| JKL 5 | TUV 8 | PQRS 7 | TUV 8 |
|---|---|---|---|

| MNO 6 | DEF 3 | PQRS 7 | ABC 2 | GHI 4 | DEF 3 | TUV 8 | JKL 5 |
|---|---|---|---|---|---|---|---|

| WXYZ 9 | GHI 4 | PQRS 7 | DEF 3 |
|---|---|---|---|

## Day 288

## ANAGRAMS

Bible Cities. . .

**Rich Joe**

_ _ _ _ _ _ _

Bad Guys. . .

**Into apple suit**

_ _ _ _ _ _ _  _ _ _ _ _ _

New Testament People. . .

**Mouse sin**

_ _ _ _ _ _ _ _

# Day 289

## DROP TWO

HAGGAI

| | | | |
|---|---|---|---|
| ANEROID | Bee | _____ | 1. ___ ___ |
| IMPASTO | Jazz dance | _____ | 2. ___ ___ |
| MIGRANT | Wood fiber | _____ | 3. ___ ___ |
| WEATHER | Consumer | _____ | 4. ___ ___ |
| INDITED | Supped | _____ | 5. ___ ___ |
| CHAPLET | Put | _____ | 6. ___ ___ |
| HYDRATE | Late | _____ | 7. ___ ___ |
| LEPROSY | Literary medium | _____ | 8. ___ ___ |
| ROOTAGE | Rasp | _____ | 9. ___ ___ |
| TOURISM | Damp | _____ | 10. ___ ___ |
| SHORTED | Pain | _____ | 11. ___ ___ |

| | | | | | | | | | | |
|---|---|---|---|---|---|---|---|---|---|---|
| ___ | ___ | ___ | ___ | ___ | ___ | ___ | ___ | ___ | ___ | ___ |
| ___ | ___ | ___ | ___ | ___ | ___ | ___ | ___ | ___ | ___ | ___ |
| 1 | 2 | 3 | 4 | 5 | 6 | 7 | 8 | 9 | 10 | 11 |

# Day 290

## DECODER

ROMANS 12:10

| | 1 | 2 | 3 | 4 | 5 |
|---|---|---|---|---|---|
| 1 | A | N | I | O | R |
| 2 | K | H | Y | S | C |
| 3 | E | F | B | M | Q |
| 4 | L | J | Z | D | V |
| 5 | T | U | G | W | P |

33-31 21-13-12-44-41-23

11-32-32-31-25-51-13-14-12-31-44 14-12-31 51-14

11-12-14-51-22-31-15 54-13-51-22

33-15-14-51-22-31-15-41-23 41-14-45-31;

13-12 22-14-12-14-52-15

55-15-31-32-31-15-15-13-12-53 14-12-31

11-12-14-51-22-31-15.

# Day 291

## ACROSTIC

1 CORINTHIANS 6:12

One's natural disposition

___ ___ ___ ___ ___ ___ ___ ___ ___ ___ ___
39 16 37 11 25 28 1 19 33 24 45

More than accounted for

___ ___ ___ ___ ___
43 6 15 2 38

Wailed, as wolves

___ ___ ___ ___ ___ ___
34 29 10 20 44 5

Protective gear for a rainy day

___ ___ ___ ___ ___ ___ ___ ___
12 27 3 31 21 40 17 8

Relating to an overall plan

___ ___ ___ ___ ___ ___ ___ ___ ___
41 13 30 4 22 18 7 36 26

A second-person singular pronoun

___ ___ ___ ___ ___ ___ ___ ___
32 46 14 47 9 35 23 42

4-40-20 39-34-36-24-7-41 38-47-25

20-38-10-42-12-23 12-24-15-29 19-21, 3-12-45

1-40-20 15-34-36-24-7-41 8-2-35 24-29-22

43-6-11-18-5-36-18-24-45; 1-20-23 15-34-36-24-7-9

4-30-35 17-38-10-42-14-23 42-29-31 27-33,

3-12-22 36 10-36-17-40 24-29-13 3-43

3-2-29-12-7-34-15 12-24-5-21-47 13-34-16

11-46-10-44-28 29–42 38-24-32.

# Day 292

## SCRAMBLED CIRCLES

1. ICTUB
2. SPHUBIL
3. NPEI
4. GBRTHOU
5. DIIVDE
6. RASWET
7. NPSOROIT
8. PEYTG
9. ERDEVIG

The job of a high government official.

1. O_ _ _ _
2. _ O_ _ _ _ _ _
3. O_ _ _
4. O_ _ _ _ _ _
5. _ _ _ _ _ O
6. _ O_ _ _ _
7. _ _ O_ _ _ _ _ _
8. O_ _ _ _
9. _ O_ _ _ _ _ _

Answer: _ _ _ _ _ _ _ _ _

# Day 293

## CRYPTOSCRIPTURES

1. VUP NLLJPNVBJAM BFJ VUQJA IX BFJ AIKP WLIBJ FNL, DJZVEWJ FJ QVGJ UIB QIP BFJ QAIKM: VUP FJ OVW JVBJU IX OIKLW, VUP QVGJ EC BFJ QFIWB.

2. JDY BGZ AZQUDFP DJ DXY AQYJQYZ QYZ FDB OQYFQH, EXB TVRGBN BGYDXRG RDC BD BGZ UXHHVFR CDAF DJ PBYDFR GDHCP.

3. AU MANM DYRUEUMA AJI IJHI IANOO HYM VEYIVUE: TBM XAYIY DYHWUIIUMA NHL WYEINCUMA MAUG IANOO ANRU GUEDS.

# Day 294

## SPOTTY HEADLINES

NEW TESTAMENT HEADLINES

1.

**MAN HO●ELESSLY ●RI●S TO ER●SE B●AME W●TH HAND WASHING**

__ __ __ __ __ __

2.

**J●SUS C●LLED ●AX COLLEC●OR TO FOLLO● ●I●**

__ __ __ __ __ __ __

3.

**S●ORT T●X ●OLLE●TOR H●S ●ESTFULLY RET●RNED ●TOL●N GOODS**

__ __ __ __ __ __ __ __ __

# Day 295

## BIBLE QUOTATIONS

PROVERBS 2:6

| | | | | | | | | | |
|---|---|---|---|---|---|---|---|---|---|
| L | O | U | O | N | G | O | H | E | O |
| H | H | F | T | N | D | H | V | E | G |
| U | E | S | K | A | D | D | M | N | E |
| G | O | R | O | R | N | T | I | N | T |
| E | R | W | D | F | O | I | O | M | D |
| M | T | | A | S | | C | L | S | D |
| T | | | T | H | | W | U | E | |
| | | | I | | | | I | | |

# TELEPHONE SCRAMBLES

NEW TESTAMENT PEOPLE WITH GOD-GIVEN MISSIONS

| ABC 2 | ABC 2 | PQRS 7 | MNO 6 | ABC 2 | ABC 2 | ABC 2 | PQRS 7 |
|---|---|---|---|---|---|---|---|

| JKL 5 | ABC 2 | MNO 6 | DEF 3 | PQRS 7 |
|---|---|---|---|---|

| JKL 5 | TUV 8 | DEF 3 | DEF 3 |
|---|---|---|---|

| PQRS 7 | DEF 3 | TUV 8 | DEF 3 | PQRS 7 |
|---|---|---|---|---|

| PQRS 7 | GHI 4 | GHI 4 | JKL 5 | GHI 4 | PQRS 7 |
|---|---|---|---|---|---|

| PQRS 7 | GHI 4 | JKL 5 | ABC 2 | PQRS 7 |
|---|---|---|---|---|

| TUV 8 | GHI 4 | MNO 6 | MNO 6 | TUV 8 | GHI 4 | WXYZ 9 |
|---|---|---|---|---|---|---|

## ANAGRAMS

BOOKS OF THE BIBLE. . .

**She is a pen**

_ _ _ _ _ _ _ _ _

EVENTS. . .

**Sap roves**

_ _ _ _ _ _ _ _

BOOKS OF THE BIBLE. . .

**Burns me**

_ _ _ _ _ _ _

# Day 298

## DROP TWO

LUKE

| | | | |
|---|---|---|---|
| MICHAEL | Blood sucker | _____ | 1. ___ ___ |
| ARCHAIC | Official seat | _____ | 2. ___ ___ |
| GRENADE | Incline | _____ | 3. ___ ___ |
| ASHTRAY | Waste | _____ | 4. ___ ___ |
| FASTEST | Banquet | _____ | 5. ___ ___ |
| HEATHEN | Devoured | _____ | 6. ___ ___ |
| AVARICE | Slice turkey | _____ | 7. ___ ___ |
| LARGEST | Elaborate | _____ | 8. ___ ___ |
| BEASTLY | Leaven | _____ | 9. ___ ___ |
| REPLICA | Arrange | _____ | 10. ___ ___ |
| ENSURED | Sand hills | _____ | 11. ___ ___ |
| JESTING | Scorch | _____ | 12. ___ ___ |
| DEBOUCH | Diced | _____ | 13. ___ ___ |

___ ___ ___ ___ ___ ___ ___ ___ ___ ___ ___ ___ ___

___ ___ ___ ___ ___ ___ ___ ___ ___ ___ ___ ___ ___

1 2 3 4 5 6 7 8 9 10 11 12 13

# Day 299

## DECODER

PSALM 25:7

| | 1 | 2 | 3 | 4 | 5 |
|---|---|---|---|---|---|
| 1 | A | N | I | O | R |
| 2 | K | H | Y | S | C |
| 3 | E | F | B | M | Q |
| 4 | L | J | Z | D | V |
| 5 | T | U | G | W | P |

15-31-34-31-34-33-31-15 12-14-51 51-22-31

24-13-12-24 14-32 34-23 23-14-52-51-22, 12-14-15

34-23 51-15-11-12-24-53-15-31-24-24-13-14-12-24:

11-25-25-14-15-44-13-12-53 51-14 51-22-23

34-31-15-25-23 15-31-34-31-34-33-31-15 51-22-14-52

34-31 32-14-15 51-22-23 53-14-14-44-12-31-24-24'

24-11-21-31, 14 41-14-15-44.

# Day 300

## ACROSTIC

1 CORINTHIANS 4:10

Appropriate for the occasion

___ ___ ___ ___ ___ ___ ___ ___
42 11 27 5 21 35 15 29

Polite

___ ___ ___ ___ ___ ___ ___ ___ ___
17 30 9 26 34 3 36 14 20

To grow in number (adverb)

___ ___ ___ ___ ___ ___ ___ ___ ___ ___ ___ ___
44 10 37 4 41 16 31 8 39 13 25 33

Having much depth

___ ___ ___ ___
22 18 28 2

A crisp batter cake with small, square hollows

___ ___ ___ ___ ___ ___
40 1 12 23 6 32

An almond color used to describe pants

___ ___ ___ ___ ___
24 38 7 19 43

40-29 21-26-41 12-30-36-25-20 23-30-26

37-38-26-43-20-34-'20 20-7-19-32, 35-11-34

33-3 21-26-41 40-8-31-3 27-10

17-38-26-44-31-34; 40-32 21-26-41 40-3-21-24,

35-14-34 33-3 16-4-41 20-34-26-36-10-13;

33-18 1-4-28 38-30-39-36-9-4-16-35-15-3,

35-14-5 40-29 16-4-29 22-28-31-2-43-20-29-22.

# Day 301

## SCRAMBLED CIRCLES

1. SOPORT
2. NEAVEH
3. HASVIN
4. REEDVLI
5. NETVEID
6. TMIMOC
7. SOSESPS
8. NDEIRCS

A letter was written to this believer, the master of a runaway slave.

1. ___ ___ ___ ___ ○ ___
2. ○ ___ ___ ___ ___ ___
3. ___ ___ ___ ○ ___ ___
4. ___ ___ ○ ___ ___ ___ ___
5. ○ ___ ___ ___ ___ ___ ___
6. ___ ___ ___ ○ ___ ___
7. ___ ○ ___ ___ ___ ___ ___
8. ___ ___ ___ ___ ___ ___ ○

Answer: ___ ___ ___ ___ ___ ___ ___ ___

# Day 302

## CRYPTOSCRIPTURES

1. SOQ XW LVVP KYWSQ, SOQ BSRW LXSOPG, SOQ KYSPW HL, SOQ BSRW COLV LXWJ, GSEHOB, LXHG HG JE KVQE IXHFX HG BHRWO NVY EVC: LXHG QV HO YWJWJKYSOFW VN JW.

2. RI YE LBXPJQ'Z PKVZJ BQJ YBIE YBIZRKIZ: RL RX AJQJ IKX ZK, R AKVWH PBTJ XKWH EKV. R NK XK MQJMBQJ B MWBFJ LKQ EKV.

3. APZ RFX XHXW PA RFX YPZS ZKE RP DES AZP RFZPKNFPKR RFX UFPYX XDZRF, RP WFXU FTGWXYA WRZPEN TE RFX QXFDYA PA RFXG UFPWX FXDZR TW VXZAXLR RPUDZS FTG.

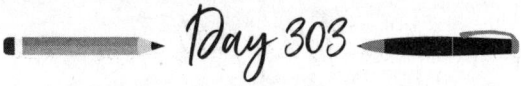


## SPOTTY HEADLINES

NEW TESTAMENT HEADLINES

1.

**RULER M●S●●KES JE●US FOR DE●D ●RISO●ER**

— — — — — — —

2.

**●AN IN CROWD F●RCED TO HELP PR●●O●ER CARRY HIS CROSS**

— — — — —

3.

**JES●S ●●KES ●HE ●L●ND BEGG●● ●E●**

— — — — — — — — — —

# Day 304

## BIBLE QUOTATION

ROMANS 8:37

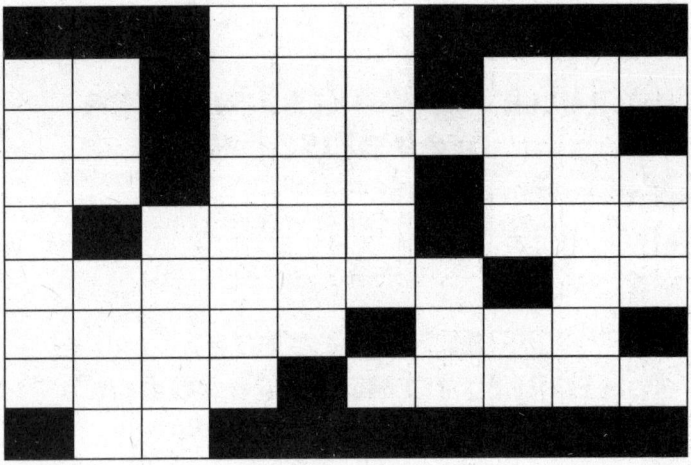

| | | | | | | | | | |
|---|---|---|---|---|---|---|---|---|---|
| S | U | T | N | L | L | N | G | O | D |
| W | O | E | A | H | I | H | M | O | E |
| E | H | S | T | R | E | O | V | T | N |
| R | N | U | A | O | L | S | T | H | H |
| T | E | A | H | H | R | | I | S | R |
| I | U | | R | A | N | | C | M | |
| Q | E | | G | A | Y | | | E | |
| | | | T | | | | | | |

Day 305

# TELEPHONE SCRAMBLES

BOOKS OF THE NEW TESTAMENT

| ABC 2 | ABC 2 | TUV 8 | PQRS 7 |
|---|---|---|---|

| GHI 4 | DEF 3 | ABC 2 | PQRS 7 | DEF 3 | WXY 9 | PQRS 7 |
|---|---|---|---|---|---|---|

| JKL 5 | TUV 8 | DEF 3 | DEF 3 |
|---|---|---|---|

| MNO 6 | ABC 2 | TUV 8 | TUV 8 | GHI 4 | DEF 3 | WXYZ 9 |
|---|---|---|---|---|---|---|

| PQRS 7 | DEF 3 | TUV 8 | DEF 3 | JKL 5 | ABC 2 | TUV 8 | GHI 4 | MNO 6 | MNO 6 |
|---|---|---|---|---|---|---|---|---|---|

| PQRS 7 | MNO 6 | MNO 6 | ABC 2 | MNO 6 | PQRS 7 |
|---|---|---|---|---|---|

| TUV 8 | GHI 4 | TUV 8 | TUV 8 | PQRS 7 |
|---|---|---|---|---|

## ANAGRAMS

BOOKS OF THE BIBLE. . .

**Cats see slice**

_ _ _ _ _ _ _ _ _ _ _ _

BIBLE CITIES. . .

**Rule James**

_ _ _ _ _ _ _ _ _

NEW TESTAMENT PEOPLE. . .

**Rhine sand**

_ _ _ _ _ _ _ _ _

# Day 307

## DROP TWO

ROMANS 14:9

A person from another country

___ ___ ___ ___ ___ ___ ___ ___ ___
26 42 33 5 35 12 4 23 18

The month after September

___ ___ ___ ___ ___ ___ ___
32 40 6 47 43 13 36

A daytime performance

___ ___ ___ ___ ___ ___ ___
44 20 14 41 1 37 31

Vindictive

___ ___ ___ ___ ___ ___ ___ ___
34 39 3 27 22 17 7 28

Not seen

___ ___ ___ ___ ___ ___
2 21 11 29 24 16

Incapable of occurring

___ ___ ___ ___ ___ ___ ___ ___ ___ ___
25 45 10 19 15 8 9 46 38 30

26-32-36 6-19 14-2-35-15 13-1-11

40-2-18-21-15-6 43-32-14-2 11-25-23-11,

20-1-11 36-47-8-30, 20-4-11 18-24-34-9-34-22-11,

6-2-20-6 2-5 44-35-27-2-6 43-37 28-19-33-11

46-32-6-2 42-17 14-2-39 11-31-20-11

20-3-29 38-25-34-41-16-12.

# Day 308

## SCRAMBLED CIRCLES

1. TOTNNEC
2. WASROR
3. GSONIST
4. ELOMOASTH
5. HODLCET
6. MOROCTF
7. NREUTR
8. DESRRWA

A method that ancient pagans used to determine the future.

1. ○ _ _ _ _ _ _
2. ○ _ _ _ _ _
3. _ _ _ ○ _ _ _
4. _ _ _ ○ _ _ _ _ _
5. _ ○ _ _ _ _ _
6. _ _ _ _ ○ _ _
7. _ _ ○ _ _ _
8. _ _ _ _ _ _ ○

Answer: _ _ _ _  _ _ _ _

# Day 309

## CRYPTOSCRIPTURES

1. NSK FWJ CRTNS MNOJ N GRS, NSK LNUUJK WXG SNTJ GNTGRS: NSK FWJ LWXUK HOJC, NSK FWJ UROK MUJGGJK WXT.

2. EU ET NR UVH WNIK'T ZHILEHT UVPU CH PIH QNU LNQTGZHK, OHLPGTH VET LNZMPTTENQT RPEW QNU. UVHX PIH QHC HFHIX ZNIQEQS: SIHPU ET UVX RPEUVRGWQHTT.

3. YWF PKNJ TVWWUI EW LYRLPT RSFI QJLUW, TWLTKXWM RSFI TLYF, FILF PW GLP OXKR IKR PW KNQIF FK LXTRWJ WBWJP GLX.

# Day 310

## DROP TWO

HEBREWS

| | | | |
|---|---|---|---|
| NESTLED | Horse | _____ | 1. ___ ___ |
| CLOAKED | Encrusted | _____ | 2. ___ ___ |
| LAWLESS | Bargains | _____ | 3. ___ ___ |
| ATTIRED | Tire mark | _____ | 4. ___ ___ |
| SEVENTH | Nervous | _____ | 5. ___ ___ |
| FEELING | Throw | _____ | 6. ___ ___ |
| JOBLESS | Bottoms | _____ | 7. ___ ___ |
| PIOUSLY | Ruin | _____ | 8. ___ ___ |
| FELSITE | Choice | _____ | 9. ___ ___ |
| PAINTED | Yearned | _____ | 10. ___ ___ |
| APHESIS | Form | _____ | 11. ___ ___ |
| BROTHER | Ship worm | _____ | 12. ___ ___ |
| ASHAMED | Women | _____ | 13. ___ ___ |

___ ___ ___ ___ ___ ___ ___ ___ ___ ___ ___ ___ ___

___ ___ ___ ___ ___ ___ ___ ___ ___ ___ ___ ___ ___

1 2 3 4 5 6 7 8 9 10 11 12 13

# Day 311

## DECODER

3 JOHN 2

| | 1 | 2 | 3 | 4 | 5 |
|---|---|---|---|---|---|
| 1 | A | N | I | O | R |
| 2 | K | H | Y | S | C |
| 3 | E | F | B | M | Q |
| 4 | L | J | Z | D | V |
| 5 | T | U | G | W | P |

33-31-41-14-45-31-44, 13 54-13-24-22 11-33-14-45-31

11-41-41 51-22-13-12-53-24 51-22-11-51 51-22-14-51

34-11-23-31-24-51 55-15-14-24-55-31-15 11-12-44 33-31

13-12 22-31-11-41-51-22, 31-45-31-12 11-24 51-22-23

24-14-52-41 55-15-14-24-55-31-15-31-51-22.

# Day 312

## ACROSTIC

ROMANS 14:11

Appropriate

___ ___ ___ ___ ___
11 33 6 29 23

One who follows Jesus

___ ___ ___ ___ ___ ___ ___ ___ ___
22 28 10 43 38 15 34 1 21

A sport played with clubs and tees

___ ___ ___ ___
16 7 27 37

Generous welcome

___ ___ ___ ___ ___ ___ ___ ___ ___ ___ ___
44 2 5 12 14 30 41 8 24 35 18

The exercise with routine

___ ___ ___ ___ ___ ___ ___
17 42 25 3 39 31 20

An instrument used to measure atmospheric pressure

___ ___ ___ ___ ___ ___ ___ ___ ___
26 13 45 36 4 19 9 40 32

37-2-32 14-15 34-38 17-10-34-15-9-19-21,

33-5 29 27-34-11-19, 38-41-43-9-28 15-28-19

27-7-10-23, 19-11-40-45-18 3-21-40-19

38-28-33-6-27 26-2-17 20-36 4-40, 1-21-23

40-11-19-25-18 15-36-21-16-31-19 38-44-13-6-27

22-39-21-37-19-5-38 15-42 16-36-23.

# Day 313

## SCRAMBLED CIRCLES

1. EPRESREV
2. NGIHIERL
3. UOETNG
4. NIMEGIA
5. OSNEKT
6. WHTRA
7. ACEREDL
8. EISNCAER
9. LWNBO
10. RAENG

Pressed into wax to seal important documents.

1. _ _ _ _ _ _ O _
2. _ O _ _ _ _ _ _
3. _ _ _ O _ _
4. _ _ _ _ _ O _
5. _ _ _ O _ _
6. _ _ _ O _
7. _ _ _ _ _ O _
8. O _ _ _ _ _ _ _
9. _ _ _ _ O
10. _ _ O _ _

Answer: _ _ _ _ _ _  _ _ _ _

# Day 314

## CRYPTOSCRIPTURES

1. CORARQXAR URNWP MDBCNQNRS UH QVNCO, FR OVER YRVTR FNCO PXS COAXDPO XDA KXAS MRBDB TOANBC.

2. SXDBD DJTY BICH UXE, T JP CUX EXDBEEXZCTHI, JIY CUX QTWX: UX CUJC KXQTXAXCU TI PX, CUHBVU UX LXEX YXJY, NXC DUJQQ UX QTAX.

3. YKJBAOO RKVN BWVHPO KJA PK WJKPDAN, WJZ LNWR KJA BKN WJKPDAN, PDWP RA IWR XA DAWHAZ. PDA ABBAYPVWH BANUAJP LNWRAN KB W NECDPAKVO IWJ WUWEHAPD IVYD.

# Day 315

## SPOTTY HEADLINES

NEW TESTAMENT HEADLINES

1.

**●U●T MAN T● WED**
**●IS ●REGNANT FIANC●E**

__ __ __ __ __ __

2.

**AGGR●VATED SISTER**
**●ORE CONCERNED ABOUT**
**CHO●ES TH●N WI●H ●ER GUEST**

__ __ __ __ __ __

3.

**PERSECUTED JEWISH CHR●STI●N**
**FLEES ITA●Y ●●ICKLY AND**
**ASSISTS ●POSTLE**

__ __ __ __ __ __

# Day 316

## BIBLE QUOTATION

1 CORINTHIANS 10:31

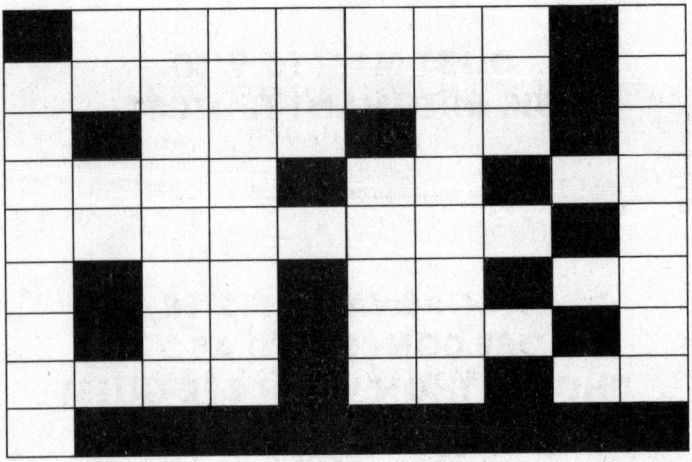

| | | | | | | | | | |
|---|---|---|---|---|---|---|---|---|---|
| H | W | R | K | E | V | R | R | A | T |
| E | O | E | O | F | D | O | E | W | Y |
| R | I | N | O | T | H | R | R | G | D |
| A | E | S | O | T | O | E | R | | G |
| E | T | T | E | | T | F | E | | O |
| L | | R | E | | O | E | | | Y |
| L | | H | Y | | O | O | | | H |
| D | | D | A | | | H | | | L |

## Day 317

# TELEPHONE SCRAMBLES

ANIMALS IN THE NEW TESTAMENT

| DEF 3 | GHI 4 | PQRS 7 | GHI 4 |
|---|---|---|---|

| GHI 4 | MNO 6 | ABC 2 | TUV 8 |
|---|---|---|---|

| GHI 4 | MNO 6 | PQRS 7 | PQRS 7 | DEF 3 |
|---|---|---|---|---|

| JKL 5 | MNO 6 | ABC 2 | TUV 8 | PQRS 7 | TUV 8 |
|---|---|---|---|---|---|

| PQRS 7 | DEF 3 | PQRS 7 | PQRS 7 | DEF 3 | MNO 6 | TUV 8 |
|---|---|---|---|---|---|---|

| PQRS 7 | GHI 4 | DEF 3 | DEF 3 | PQRS 7 |
|---|---|---|---|---|

| PQRS 7 | PQRS 7 | ABC 2 | PQRS 7 | PQRS 7 | MNO 6 | WXYZ 9 |
|---|---|---|---|---|---|---|

# Day 318

## SCRAMBLED CIRCLES

1. SOPORT
2. TESVARH
3. KICEDW
4. SILE
5. NIEW
6. BERBORS
7. TONSENC
8. TISDM
9. WNOK
10. REROMF
11. ROSU

Enemies of Israel who lived in Palestine.

1. _ _ _ _ ◯ _
2. ◯ _ _ _ _ _ _
3. _ ◯ _ _ _ _
4. ◯ _ _ _
5. _ ◯ _ _
6. _ _ _ _ _ _ ◯
7. _ _ _ _ _ _ ◯
8. _ ◯ _ _ _
9. _ ◯ _ _
10. _ _ _ _ ◯ _
11. ◯ _ _ _

Answer: _ _ _ _ _ _ _ _ _ _ _

# Day 319

## ANAGRAMS

BOOKS OF THE BIBLE. . .

**A voter line**

_ _ _ _ _ _ _ _ _ _

WOMEN OF THE BIBLE. . .

**Her beak**

_ _ _ _ _ _ _

PLACES. . .

**Doe can aim**

_ _ _ _ _ _ _ _ _

# Day 320

## DROP TWO

MALACHI

| | | | |
|---|---|---|---|
| REFRACT | Respond | _____ | 1. __ __ |
| EARSHOT | Garbage | _____ | 2. __ __ |
| OURSELF | Bad person | _____ | 3. __ __ |
| HOLBEIN | Aristocrat | _____ | 4. __ __ |
| NEPOTIC | Theme | _____ | 5. __ __ |
| SALIENT | Angle | _____ | 6. __ __ |
| RASPING | Mimicking | _____ | 7. __ __ |
| MILDEST | Kept watch | _____ | 8. __ __ |
| DEFICIT | Quoted | _____ | 9. __ __ |
| IRKSOME | Code | _____ | 10. __ __ |
| SPRAYER | Beseeches | _____ | 11. __ __ |
| PAINTER | Block letters | _____ | 12. __ __ |

| 1 | 2 | 3 | 4 | 5 | 6 | 7 | 8 | 9 | 10 | 11 | 12 |
|---|---|---|---|---|---|---|---|---|---|---|---|
| __ | __ | __ | __ | __ | __ | __ | __ | __ | __ | __ | __ |
| __ | __ | __ | __ | __ | __ | __ | __ | __ | __ | __ | __ |

# Day 321

## DECODER

PSALM 9:2

| | 1 | 2 | 3 | 4 | 5 |
|---|---|---|---|---|---|
| 1 | A | N | I | O | R |
| 2 | K | H | Y | S | C |
| 3 | E | F | B | M | Q |
| 4 | L | J | Z | D | V |
| 5 | T | U | G | W | P |

13 54-13-41-41 33-31 53-41-11-44 11-12-44

15-31-42-14-13-25-31 13-12 51-22-31-31: 13

54-13-41-41 24-13-12-53 55-15-11-13-24-31

51-14 51-22-23 12-11-34-31, 14 51-22-14-52

34-14-24-51 22-13-53-22.

# Day 322

## ACROSTIC

1 CORINTHIANS 6:15

Cold and unfeeling

___ ___ ___ ___ ___ ___ ___ ___ ___ ___
30 14 43 7 31 25 18 38 2 48

Relating to the sense of smell

___ ___ ___ ___ ___ ___ ___ ___ ___
21 29 8 35 13 1 42 26 16

Cookout

___ ___ ___ ___ ___ ___ ___ ___
39 19 46 6 34 28 44 12

When the sun rises

___ ___ ___ ___
24 9 3 37

Plural for a male ruler of a monarchy

___ ___ ___ ___ ___
41 4 33 10 23

Based on an assumption

___ ___ ___ ___ ___ ___ ___ ___ ___ ___ ___ ___
17 36 40 5 45 20 11 32 27 15 22 47

41-37-18-3 16-12 33-21-1 45-17-2-32

36-5-44-31 39-21-24-27-11-23 19-31-34 1-17-34

14-7-14-39-11-31-25 21-8 13-20-31-30-25-45?

25-20-22-48-47 4 45-17-34-37 1-35-41-12

45-20-12 14-34-14-6-7-31-25 21-8

15-17-31-27-25-45, 9-37-24 14-19-41-7 1-17-7-14

45-20-7 14-12-14-39-34-46-25 5-8 2-33

17-22-31-29-21-1? 10-42-24 8-21-26-6-30-24.

# Day 323

## SCRAMBLED CIRCLES

1. YPUTIR
2. ANEHTS
3. CYTAIPVTI
4. YNDEE
5. TRSTU
6. TOHMU
7. HESPIR

A tall plant that grows in swamps and rivers and is used to make heavy paper.

1. ○ _ _ _ _ _
2. _ ○ _ _ _ _
3. _ _ ○ _ _ _ _ _ _
4. _ _ _ _ ○
5. _ ○ _ _ _
6. _ _ ○ _ _
7. _ _ _ _ ○ _

Answer: _ _ _ _ _ _ _

# Day 324

## CRYPTOSCRIPTURES

1. OFH MR SNT ANF, AQ HGNFEGH QXUC MEMUPRH ZQ; OFH ENK ZQMPH UH FPHN ENNK, HN OTUPE HN BMRR, MR UH UR HGUR KMA, HN RMXQ ZFDG BQNBCQ MCUXQ.

2. YXS VG WFWZP NEFEXA DCEXA VG YNN GNWHC, DKV VG WFWZP HVZD HCYND DCVB UZEXA EXDV DCW YZL, DV LWWT DCWO YNEFW KEDC DCWW; DCWP HCYNN UW OYNW YXS GWOYNW.

3. KYZ WCR UQBZ NRYW XRAQBR WCRI XV ZKV MY K JMUUKB QA K EUQDZ, WQ URKZ WCRI WCR NKV; KYZ XV YMTCW XY K JMUUKB QA AMBR, WQ TMSR WCRI UMTCW; WQ TQ XV ZKV KYZ YMTCW.

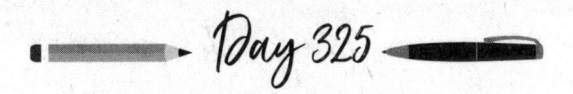


## SPOTTY HEADLINES

NEW TESTAMENT HEADLINES

1.

**TIRE● MISS●ON●RIES**
**GRACIOUSL● HOUSED**
**BY WOMAN SE●LER**

— — — — —

2.

**MAN PROM●TED BY**
**UNSEEN HO●Y S●IRIT TO**
**W●TNESS TO AN ET●IOP●AN**

— — — — — —

3.

**H●MBLE MAN WR●TES DOWN**
**●VERY WORD OF ●OMANS**
**WHILE APO●●LE DIC●ATES**

— — — — — — —

# Day 326

## BIBLE QUOTATION

HEBREWS 11:1

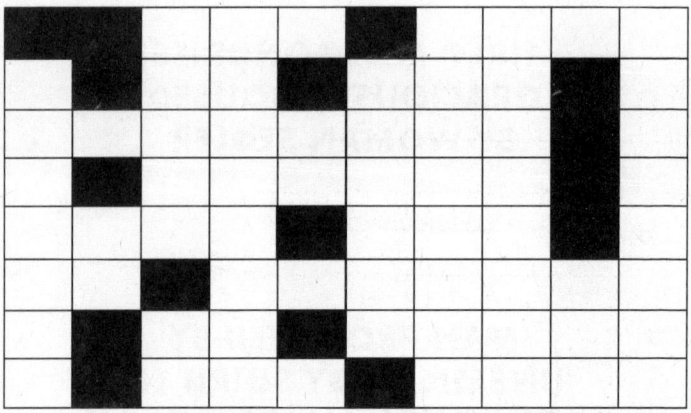

| | | | | | | | | | |
|---|---|---|---|---|---|---|---|---|---|
| H | P | O | O | A | T | O | A | I | O |
| U | E | N | S | I | N | D | E | N | H |
| F | B | I | T | T | I | H | E | E | T |
| H | | N | H | W | T | S | S | N | C |
| E | | T | F | V | N | F | R | | T |
| S | | S | O | | F | H | E | | S |
| O | | E | D | | | C | I | | G |
| | | | E | | | G | E | | N |

# Day 327

## TELEPHONE SCRAMBLES

OLD TESTAMENT PEOPLE WITH GOD-GIVEN MISSIONS

| DEF 3 | ABC 2 | TUV 8 | GHI 4 | DEF 3 |
|---|---|---|---|---|

| DEF 3 | JKL 5 | GHI 4 | PQRS 7 | GHI 4 | ABC 2 |
|---|---|---|---|---|---|

| DEF 3 | WXYZ 9 | PQRS 7 | ABC 2 |
|---|---|---|---|

| GHI 4 | GHI 4 | DEF 3 | DEF 3 | MNO 6 | MNO 6 |
|---|---|---|---|---|---|

| MNO 6 | MNO 6 | PQRS 7 | DEF 3 | PQRS 7 |
|---|---|---|---|---|

| MNO 6 | MNO 6 | ABC 2 | GHI 4 |
|---|---|---|---|

| PQRS 7 | ABC 2 | MNO 6 | TUV 8 | DEF 3 | JKL 5 |
|---|---|---|---|---|---|

# Day 328

## SCRAMBLED CIRCLES

1. TSNERAV
2. NETURR
3. DARBACKW
4. RSDHEPEH
5. YANITV
6. THSUO
7. TULIB
8. HOSOIFL
9. ONWD
10. GPNSRI

Rules made by people that may not have anything to do with God's requirements.

1. ___ ___ ___ ___ ___ ___ ○
2. ○ ___ ___ ___ ___ ___
3. ___ ○ ___ ___ ___ ___ ___ ___
4. ___ ___ ___ ___ ___ ___ ___ ○
5. ___ ___ ___ ○ ___ ___
6. ___ ___ ___ ___ ○
7. ___ ___ ○ ___ ___
8. ___ ___ ○ ___ ___ ___ ___
9. ___ ___ ___ ○
10. ○ ___ ___ ___ ___ ___

Answer: ___ ___ ___ ___ ___ ___ ___ ___ ___ ___

# Day 329

## CRYPTOSCRIPTURES

1. NLWGZF, EWGK HAE SHBA, UI ZGOL; NLWGZF, EWGK HAE SHBA; EWGK WHYE FGOLY' LILY CBEWBQ EWI ZGRJY: EWI WHBA BY HY H SZGRJ GS DGHEY, EWHE HMMLHA SAGU UGKQE DBZLHF.

2. ETR BNU MUWWUA BNEB NU VERU QI LAEH JEW VEYYUR CT BNU NETR QI BNU DQBBUY: WQ NU VERU CB EXECT ETQBNUY MUWWUA, EW WUUVUR XQQR BQ BNU DQBBUY BQ VEOU CB.

3. QPWUHM PWEIHLHQ PWQ EPUQ, KMHEEHQ KH VJH WPSH AO BAQ OAL HRHL PWQ HRHL: OAL IUEQAS PWQ SUBJV PLH JUE.

## Day 330

## ANAGRAMS

BIBLE CITIES. . .

**Dooms**

_ _ _ _ _

KINGS. . .

**Race hen and buzz**

_ _ _ _ _ _ _ _ _ _ _ _ _ _

EVENTS. . .

**Star of grain unit**

_ _ _ _ _ _ _ _ _ _ _ _ _ _ _

# Day 331

## DROP TWO

1 CORINTHIANS

| | | | |
|---|---|---|---|
| CREATED | Step | _____ | 1. ___ ___ |
| SPRIGHT | Seizes | _____ | 2. ___ ___ |
| HEARTED | Cornered | _____ | 3. ___ ___ |
| WESTERN | Sugary | _____ | 4. ___ ___ |
| NAIROBI | Intellect | _____ | 5. ___ ___ |
| TRANSIT | Pours | _____ | 6. ___ ___ |
| YORKIST | Big bird | _____ | 7. ___ ___ |
| THRIVED | Employed | _____ | 8. ___ ___ |
| ANGELUS | Thrust | _____ | 9. ___ ___ |
| UNAIRED | Draw off | _____ | 10. ___ ___ |
| NET BALL | Furniture | _____ | 11. ___ ___ |
| FITNESS | Trigonometric formula | _____ | 12. ___ ___ |

___ ___ ___ ___ ___ ___ ___ ___ ___ ___ ___ ___

___ ___ ___ ___ ___ ___ ___ ___ ___ ___ ___ ___

1 2 3 4 5 6 7 8 9 10 11 12

# Day 332

## DECODER

1 CORINTHIANS 3:18

| | 1 | 2 | 3 | 4 | 5 |
|---|---|---|---|---|---|
| 1 | A | N | I | O | R |
| 2 | K | H | Y | S | C |
| 3 | E | F | B | M | Q |
| 4 | L | J | Z | D | V |
| 5 | T | U | G | W | P |

41-31-51 12-14 34-11-12 44-31-25-31-13-45-31

22-13-34-24-31-41-32. 13-32 11-12-23 34-11-12

11-34-14-12-53 23-14-52 24-31-31-34-31-51-22

51-14 33-31 54-13-24-31 13-12 51-22-13-24

54-14-15-41-44, 41-31-51 22-13-34

33-31-25-14-34-31 11 32-14-14-41, 51-22-11-51

22-31 34-11-23 33-31 54-13-24-31.

# Day 333

## ACROSTIC

1 CORINTHIANS 5:8

A purposeful exaggeration

33 21 8 39 15 10 31 1 26

Something regarded with a special liking

20 44 7 34 25 16 12 40

Bright red

49 17 41 32 24 6 46

Exchanging information or talk

38 22 47 3 43 9 35 27 13 5 30 45 18

To move on foot

29 36 2 14

Bought

48 19 23 4 37 28 11 42 50

12-33-40-32-6-20-34-32-6 24-26-5 43-49

14-42-6-8 12-37-42 20-6-44-11-46, 9-45-12

29-16-12-33 31-1-50 2-42-28-7-6-9,

18-40-16-46-33-40-32 29-35-5-37 5-37-42

2-40-44-7-39-9 45-20 47-28-2-35-38-42 44-18-50

29-16-17-14-6-50-18-39-49-11; 10-43-46 29-35-12-33

5-37-42 43-9-24-40-41-7-26-9-39-50 10-25-39-44-50

22-20 49-16-18-27-39-15-30-5-21 36-9-50

46-23-19-5-37.

## Day 334

# SCRAMBLED CIRCLES

1. NUEBDR
2. EMSROHTO
3. WRNDA
4. DATENT
5. FACECIISR
6. YEDOSRT
7. RUETTB
8. RANDEW
9. TECIED
10. SEENIEM

Special words from Jesus on the Mount of Olives.

1. ○ _ _ _ _ _
2. _ _ _ _ _ _ ○ _
3. _ _ ○ _ _
4. _ ○ _ _ _ _
5. _ _ _ _ ○ _ _ _ _
6. _ _ _ ○ _ _ _
7. _ ○ _ _ _ _
8. _ _ _ ○ _ _
9. _ ○ _ _ _ _
10. _ _ _ _ _ _ ○

Answer: _ _ _ _ _ _ _ _ _ _

# Day 335

## CRYPTOSCRIPTURES

1. HGK AIB AIHEE UZVGY OTZPI H ATG, HGK PITJ AIHEP SHEE IVA GHQB MBAJA: OTZ IB AIHEE AHWB IVA LBTLEB OZTQ PIBVZ AVGA.

2. SOQXK UTXIQYOXJ TI JNQL ROPF JNQXK, JNWJ NO BNQUN NWJN SOKMX W KTTY BTPA QX FTM BQGG VOPITPE QJ MXJQG JNO YWF TI COLML UNPQLJ.

3. KVP OAOPN UPOZHDPO VK EVQ CL EVVQ, ZYQ YVHBCYE HV WO POKDLOQ, CK CH WO POUOCAOQ FCHB HBZYILECACYE.

Day 336

## SPOTTY HEADLINES

NEW TESTAMENT HEADLINES

1.

**UN●UST, ●INFUL MAN COMMITS S●ICI●E RATHER THAN ●SK FOR FORGIVENESS**

__ __ __ __ __

2.

**AMID●T ●OYF●L THRONGS, HEAV●NLY KING RIDE● DONKEY INTO EARTHLY CITY**

__ __ __ __ __

3.

**MAN SLICES OFF EA● OF ARR●STING SOLDIER WI●H SOLDI●R'S ●ERSONAL SWORD**

__ __ __ __ __

# Day 337

## BIBLE QUOTATION

DANIEL 9:9

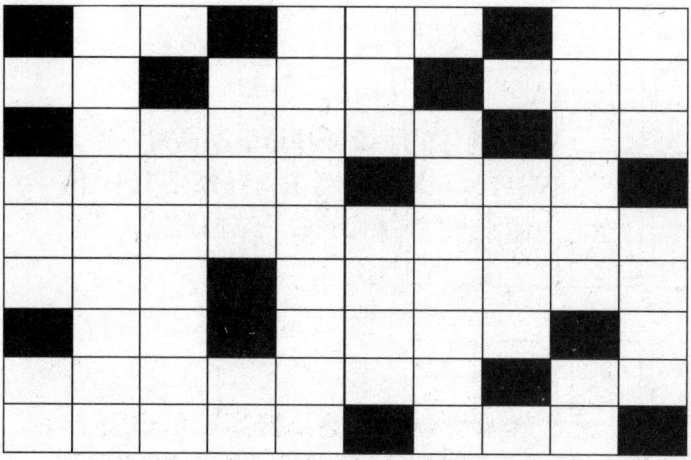

| | | | | | | | | | |
|---|---|---|---|---|---|---|---|---|---|
| S | T | S | L | S | V | E | I | A | O |
| A | D | E | E | I | H | E | N | M | D |
| R | B | E | G | T | E | O | U | L | E |
| E | C | N | S | L | R | G | G | O | H |
| F | O | I | O | T | N | V | N | M | S |
| R | E | E | L | U | H | A | E | E | G |
| | W | R | | H | A | D | | G | R |
| | B | O | | O | | H | | D | |
| | I | | | T | | | | | |

# Day 338

## TELEPHONE SCRAMBLES

MARTYRS

| GHI 4 | PQRS 7 | ABC 2 | GHI 4 | ABC 2 | GHI 4 |
|---|---|---|---|---|---|

| JKL 5 | ABC 2 | MNO 6 | DEF 3 | PQRS 7 |
|---|---|---|---|---|

| PQRS 7 | ABC 2 | TUV 8 | JKL 5 |
|---|---|---|---|

| PQRS 7 | DEF 3 | TUV 8 | DEF 3 | PQRS 7 |
|---|---|---|---|---|

| PQRS 7 | TUV 8 | DEF 3 | PQRS 7 | GHI 4 | DEF 3 | MNO 6 |
|---|---|---|---|---|---|---|

| TUV 8 | PQRS 7 | GHI 4 | ABC 2 | GHI 4 |
|---|---|---|---|---|

| WXYZ 9 | DEF 3 | ABC 2 | GHI 4 | ABC 2 | PQRS 7 | GHI 4 | ABC 2 | GHI 4 |
|---|---|---|---|---|---|---|---|---|

# Day 339

## CRYPTOSCRIPTURES

1. EOLHXC VLO THGXN HT VLO ZBU: THU VLOA NHG YHV, YOBVLOU CH VLOA UOZR, YHU IZVLOU BYVH EZUYN; AOV AHFU LOZKOYXA TZVLOU TOOCOVL VLOS. ZUO AO YHV SFML EOVVOU VLZY VLOA?

2. ZGUIU LW MULZGUI BUJ MYI QIUUV, ZGUIU LW MULZGUI FYMA MYI XIUU, ZGUIU LW MULZGUI RPHU MYI XURPHU: XYI EU PIU PHH YMU LM KGILWZ BUWDW.

3. EIW GIBWNQASQN POIX RQWEQVHAG HZLH HZQ KLG IE HZQ AIWK NI VITQHZ LN L HZJQE JO HZQ OJUZH.

# Day 340

## SCRAMBLED CIRCLES

1. NELAC
2. HISLPBU
3. DITHOLHW
4. RANEDW
5. SETORF
6. KDNRI
7. CALAEP
8. SONELISH

A dark and scary place for this prophet.

1. __O__ __ __
2. __ __ __ __O__ __
3. __ __ __ __ __O__ __
4. __ __O__ __ __
5. __ __ __ __O__
6. O__ __ __ __
7. __ __ __ __ __O
8. __ __ __ __O__ __ __

Answer: The __ __ __ __ __' __ __ __

## Day 341

## ANAGRAMS

BOOKS OF THE BIBLE. . .

**Sox due**

_ _ _ _ _ _

NEW TESTAMENT PEOPLE. . .

**Huey cuts**

_ _ _ _ _ _ _ _

BAD GUYS. . .

**This tin car**

_ _ _ _ _ _ _ _ _ _

# Day 342

## CRYPTOSCRIPTURES

1. YRWQ NOQZQEPZQ NOS AQZWGDN GD IDMQZANGDMRDY OQGZN NP HIMYQ NOS JQPJXQ, NOGN R KGS MRABQZD UQNCQQD YPPM GDM UGM: EPZ COP RA GUXQ NP HIMYQ NORA NOS AP YZQGN G JQPJXQ?

2. AWERBJ ZBE XRPJQ GXBYE WFH ZJXC JX NXPBC QW YXRPC, BCH JX YXRPCXH RC AXYKEBFXT WCX BCH QJRYQG GXBYE.

3. RNE TRR EYN NTOEY WNTO EYN RMOF: RNE TRR EYN HUYTLHETUEX MW EYN QMORF XETUF HU TQN MW YHJ.

# Day 343

## DROP TWO

MARK

| | | | |
|---|---|---|---|
| GERMANE | Combine | _____ | 1. ___ ___ |
| ENDLESS | Snow vehicles | _____ | 2. ___ ___ |
| DROWNED | Buzzing sound | _____ | 3. ___ ___ |
| HEALING | Ascertain | _____ | 4. ___ ___ |
| SWATTER | Scatter | _____ | 5. ___ ___ |
| VARNISH | Pours down | _____ | 6. ___ ___ |
| DIETARY | Unclean | _____ | 7. ___ ___ |
| PLANTER | Future | _____ | 8. ___ ___ |
| COOLEST | Clusters | _____ | 9. ___ ___ |
| ANALECT | Scrub | _____ | 10. ___ ___ |
| CHAMFER | Set up | _____ | 11. ___ ___ |
| DEVOTEE | Chose | _____ | 12. ___ ___ |
| ENDORSE | Compact | _____ | 13. ___ ___ |

| | | | | | | | | | | | | |
|---|---|---|---|---|---|---|---|---|---|---|---|---|
| ___ | ___ | ___ | ___ | ___ | ___ | ___ | ___ | ___ | ___ | ___ | ___ | ___ |
| ___ | ___ | ___ | ___ | ___ | ___ | ___ | ___ | ___ | ___ | ___ | ___ | ___ |
| 1 | 2 | 3 | 4 | 5 | 6 | 7 | 8 | 9 | 10 | 11 | 12 | 13 |

# Day 344

## DECODER

TITUS 3:9

| | 1 | 2 | 3 | 4 | 5 |
|---|---|---|---|---|---|
| 1 | A | N | I | O | R |
| 2 | K | H | Y | S | C |
| 3 | E | F | B | M | Q |
| 4 | L | J | Z | D | V |
| 5 | T | U | G | W | P |

33-52-51 11-45-14-13-44 32-14-14-41-13-24-22

35-52-31-24-51-13-14-12-24, 11-12-44

53-31-12-31-11-41-14-53-13-31-24, 11-12-44

25-14-12-51-31-12-51-13-14-12-24, 11-12-44

24-51-15-13-45-13-12-53-24 11-33-14-52-51

51-22-31 41-11-54; 32-14-15 51-22-31-23

11-15-31 52-12-55-15-14-32-13-51-11-33-41-31

11-12-44 45-11-13-12.

# Day 345

## ACROSTIC

ROMANS 15:4

To go after

| | | | | | | | | | |
|---|---|---|---|---|---|---|---|---|---|
| | | | | 17 | 4 | 31 | 16 | 10 | 3 |

Predilection

| | | | | | | | | | |
|---|---|---|---|---|---|---|---|---|---|
| 45 | 5 | 32 | 14 | 23 | 1 | 40 | 34 | 9 | 42 |

Unnamed

| | | | | | | | | |
|---|---|---|---|---|---|---|---|---|
| 36 | 15 | 48 | 24 | 44 | 39 | 35 | 41 | 25 |

A chief angel

| | | | | | | | | |
|---|---|---|---|---|---|---|---|---|
| 47 | 18 | 43 | 6 | 26 | 13 | 22 | 7 | 30 |

An unbranded animal

| | | | | | | | |
|---|---|---|---|---|---|---|---|
| 33 | 8 | 27 | 19 | 46 | 12 | 37 | 50 |

Concerning the home or family

| | | | | | | | |
|---|---|---|---|---|---|---|---|
| 28 | 49 | 11 | 20 | 38 | 2 | 29 | 21 |

17-48-5 3-6-47-2-25-48-23-27-42-1 2-6-12-13-22-38

3-19-46-7 3-5-29-2-2-42-34 36-14-48-1-32-2-12-33-19

3-7-18-20 3-46-29-2-2-20-13 17-4-18 35-41-1

31-42-26-5-34-12-24-22, 2-6-8-2 3-19

2-6-5-4-41-22-6 45-36-2-29-32-15-43-19 8-13-28

21-49-39-14-4-1-2 10-17 2-6-32

25-37-18-12-45-2-41-5-23-38 11-29-22-6-2

6-36-27-42 6-10-45-32.

# Day 346

## SCRAMBLED CIRCLES

1. BAML
2. DLBESES
3. REROCTC
4. WOLFOL
5. INOZ
6. TEYBAU
7. NBRU
8. DJUEG
9. EBVEILE

Another name for Satan.

1. ___ ___ ___ ○
2. ___ ___ ○ ___ ___ ___ ___
3. ___ ___ ___ ___ ○ ___ ___
4. ___ ___ ○ ___ ___ ___
5. ○ ___ ___ ___
6. ___ ○ ___ ___ ___ ___
7. ○ ___ ___ ___
8. ___ ○ ___ ___ ___
9. ○ ___ ___ ___ ___ ___ ___

Answer: ___ ___ ___ ___ ___ ___ ___ ___ ___

# Day 347

## CRYPTOSCRIPTURES

1. XVLF BS NIRN NIS ELCK IS UZ QLK: UN UZ IS NIRN IRNI WRKS JZ, RVK VLN FS LJCZSEPSZ; FS RCS IUZ YSLYES, RVK NIS ZISSY LA IUZ YRZNJCS.

2. EHM KR YJC YVHDORO ZVS VHS MSJDCFSRCCUVDC, KR YJC ESHUCRO ZVS VHS UDUIHUMURC: MKR TKJCMUCRXRDM VZ VHS NRJTR YJC HNVD KUX; JDO YUMK KUC CMSUNRC YR JSR KRJGRO.

3. TU CGB HTWJ QX GTO CGLC GLCG MUVBPJCLUVTUR DTJVQO TJ XQMUV: FMC L PQV TJ XQP CGB FLKZ QX GTO CGLC TJ SQTV QX MUVBPJCLUVTUR.

## SPOTTY HEADLINES

NEW TESTAMENT HEADLINES

1.

**MA●S●VE EARTHQU●KE FREES ●ESSER-KNOWN MAN AND OTHERS FROM PRI●ON**

__ __ __ __ __

2.

**FIRS● MA● IN AC●AIA FINALLY BELI●VES IN GO●●EL'S S●VING ME●S●GE**

__ __ __ __ __ __ __ __ __

3.

**MAN PRO●EEDS TO EP●ES●S AND VERBALL● GIVES APOS●LE'S ●URRENT AFFA●R●**

__ __ __ __ __ __ __ __

# Day 349

## BIBLE QUOTATION

1 JOHN 5:4

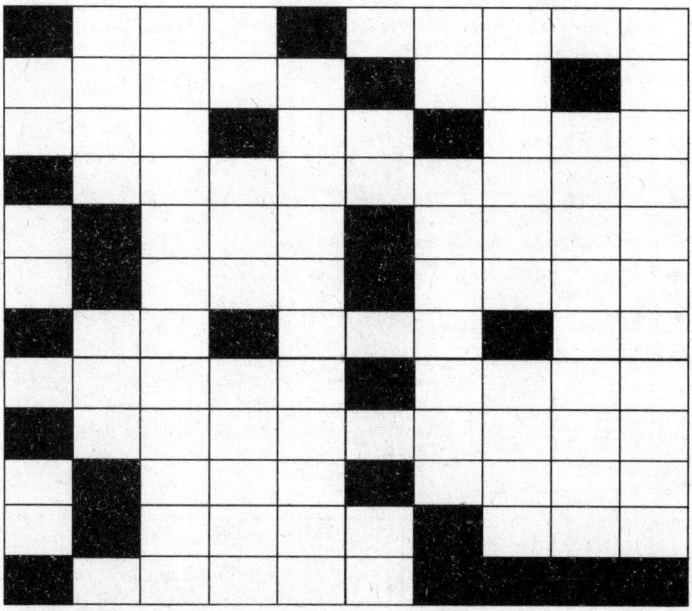

| | | | | | | | | | |
|---|---|---|---|---|---|---|---|---|---|
| H | I | O | R | T | N | W | G | T | S |
| D | T | V | E | R | H | T | M | R | B |
| D | O | N | H | E | C | E | M | I | T |
| C | F | V | E | E | H | T | O | V | T |
| O | E | T | H | E | C | H | O | R | L |
| O | R | A | V | D | F | I | H | U | T |
| H | F | S | I | T | W | W | H | A | L |
| | O | O | R | Y | | O | A | E | S |
| | | V | E | R | | O | S | O | D |
| | | T | N | O | | | O | E | R |
| | | E | | R | | | | | I |
| | | A | | | | | | | |

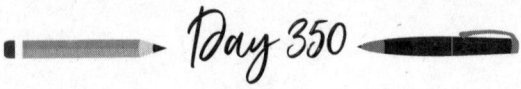


# TELEPHONE SCRAMBLES

## GIFTS OF THE HOLY SPIRIT

| DEF 3 | ABC 2 | GHI 4 | TUV 8 | GHI 4 |
|---|---|---|---|---|

| GHI 4 | GHI 4 | TUV 8 | GHI 4 | MNO 6 | GHI 4 |
|---|---|---|---|---|---|

| GHI 4 | DEF 3 | ABC 2 | JKL 5 | GHI 4 | MNO 6 | GHI 4 |
|---|---|---|---|---|---|---|

| JKL 5 | MNO 6 | MNO 6 | WXYZ 9 | JKL 5 | DEF 3 | DEF 3 | GHI 4 | DEF 3 |
|---|---|---|---|---|---|---|---|---|

| PQRS 7 | PQRS 7 | MNO 6 | PQRS 7 | GHI 4 | DEF 3 | ABC 2 | WXYZ 9 |
|---|---|---|---|---|---|---|---|

# Day 351

## ANAGRAMS

WOMEN OF THE BIBLE. . .

**Ham art**

_ _ _ _ _ _

PLACES. . .

**Hog gloat**

_ _ _ _ _ _ _ _

RIVERS/BODIES OF WATER. . .

**Pure haste**

_ _ _ _ _ _ _ _ _

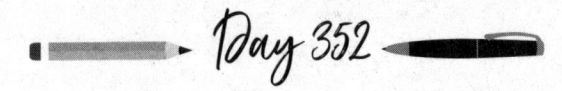


## SCRAMBLED CIRCLES

1. EATTIMED
2. SAVEW
3. HRTIG
4. ETLRBEM
5. DHIAANMD
6. NIEM
7. TTTSESAU
8. SURCED

Chosen to replace Judas as one of the twelve apostles.

1. O _ _ _ _ _ _ _
2. _ O _ _ _
3. _ _ _ _ O
4. O _ _ _ _ _ _
5. O _ _ _ _ _ _ _
6. _ O _ _
7. _ _ O _ _ _ _ _
8. _ _ _ O _ _

Answer: _ _ _ _ _ _ _ _

# Day 353

## CRYPTOSCRIPTURES

1. KIPR QMTW MRBXPZPL, XIMK HPMR FP KC XPPQ MRL KC DZPME HSRP IPMZK? ACZ S MH ZPMLF RCK KC DP DCTRL CRWF, DTK MWBC KC LSP MK NPZTBMWPH ACZ KIP RMHP CA KIP WCZL NPBTB.

2. WFY QT JZR ZWFY DTTHFY JZHH, KBJ QJ DTT: QJ QN PHJJHC TDC JZHH JD HFJHC QFJD AQTH VWQVHY, JZWF ZWUQFE JGD ZWFYN JD ED QFJD ZHAA, QFJD JZH TQCH JZWJ FHUHC NZWAA PH XBHFKZHY.

3. HJQL? SFWH TV FWL LJQL TWNE XWMT YU LJV LVIOBV WZ LJV JWBT DJWUL HJYGJ YU YF TWN, HJYGJ TV JQCV WZ DWM, QFM TV QEV FWL TWNE WHF?

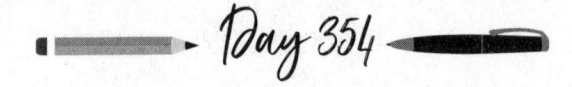


## SPOTTY HEADLINES

NEW TESTAMENT HEADLINES

1.

**●●D PRI●ONER M●N**
**CHOSEN TO GO F●EE**
**●Y PU●LIC DEM●ND**

— — — — — — — —

2.

**PILATE BEC●MES F●IEN●S WITH**
**●ATED EN●MY BECAUSE OF**
**COMMON PRISONER**

— — — — —

3.

**MAN CAREFULLY ●NSTRUCTED**
**IN HOW ●O PROPERLY**
**●TAR● A CH●RCH**

— — — — —

# Day 355

## SCRAMBLED CIRCLES

1. SSSEITDR
2. MEADR
3. NESIO
4. RTEHDUN
5. YETPM
6. EBTEAD
7. KDNRI
8. LIDHC
9. RUNT

The governing council of the Jews.

1. ___ ___ ___ ___ ___ ___ ___ ○
2. ___ ___ ___ ○ ___
3. ○ ___ ___ ___ ___
4. ___ ○ ___ ___ ___ ___ ___
5. ○ ___ ___ ___ ___
6. ○ ___ ___ ___ ___ ___
7. ___ ○ ___ ___ ___
8. ___ ___ ○ ___ ___
9. ___ ___ ___ ○

Answer: ___ ___ ___ ___ ___ ___ ___ ___ ___

# Day 356

## DROP TWO

1 JOHN

| | | | |
|---|---|---|---|
| TRASHED | Cut off | _____ | 1. __ __ |
| EUCHRED | Healed | _____ | 2. __ __ |
| NEAREST | Trap | _____ | 3. __ __ |
| TEACHER | Touch | _____ | 4. __ __ |
| RAMBLER | Point finger | _____ | 5. __ __ |
| UNEARTH | Valentine | _____ | 6. __ __ |
| ASPIRED | Falls in drops | _____ | 7. __ __ |
| GHASTLY | Hurriedly | _____ | 8. __ __ |
| OCULATE | Sharp | _____ | 9. __ __ |
| DEALING | Gather grain | _____ | 10. __ __ |
| FEARING | Rule | _____ | 11. __ __ |
| NASCENT | Bare | _____ | 12. __ __ |

| | | | | | | | | | | | |
|---|---|---|---|---|---|---|---|---|---|---|---|
| __ | __ | __ | __ | __ | __ | __ | __ | __ | __ | __ | __ |
| __ | __ | __ | __ | __ | __ | __ | __ | __ | __ | __ | __ |
| 1 | 2 | 3 | 4 | 5 | 6 | 7 | 8 | 9 | 10 | 11 | 12 |

# Day 357

## DECODER

1 TIMOTHY 6:12

| | 1 | 2 | 3 | 4 | 5 |
|---|---|---|---|---|---|
| 1 | A | N | I | O | R |
| 2 | K | H | Y | S | C |
| 3 | E | F | B | M | Q |
| 4 | L | J | Z | D | V |
| 5 | T | U | G | W | P |

32-13-53-22-51 51-22-31 53-14-14-44 32-13-53-22-51

14-32 32-11-13-51-22, 41-11-23 22-14-41-44 14-12

31-51-31-15-12-11-41 41-13-32-31. . .11-12-44

22-11-24-51 55-15-14-32-31-24-24-31-44 11

53-14-14-44 55-15-14-32-31-24-24-13-14-12

33-31-32-14-15-31 34-11-12-23

54-13-51-12-31-24-24-31-24.

# Day 358

## ACROSTIC

1 CORINTHIANS 2:9

A warning to be careful

__ __ __ __ __ __
46 25 12 39 19 3

Pardon

__ __ __ __ __ __ __ __ __ __ __
24 48 6 40 51 4 33 45 18 41 11

A record of the past

__ __ __ __ __ __ __
52 26 5 20 13 47 34

Something made better

__ __ __ __ __ __ __ __ __ __ __
38 21 32 2 29 43 9 15 8 36 27

Apt to lie or cheat

__ __ __ __ __ __ __ __ __
14 42 22 1 35 50 7 28 16

To keep up

__ __ __ __ __ __ __ __
37 23 44 10 49 30 17 31

46-28-20 39-5 26-27 44-41 12-2-26-20-27-1-10,

42-34-8 52-23-49-52 45-13-20 5-33-3-36,

31-29-47 42-23-19 52-33-23-2-14,

31-1-35-50-52-3-47 52-39-43-3 42-45-20-33-6-9-14

35-10-49-29 27-52-42 52-25-39-47-20 48-24

37-30-31, 27-52-18 20-52-51-45-40-11

12-52-38-22-52 40-29-14 52-39-49-52

32-47-3-32-23-2-18-14 7-29-2 20-52-9-21

50-52-30-49 16-13-4-1 52-17-15.

# Day 359

## SCRAMBLED CIRCLES

1. PPROREOSS
2. ROHEDSLU
3. NOREHT
4. DRIPE
5. THREA
6. SIMESND
7. TUCEISJ
8. ASRYI

It's not about reading the future, but about speaking the Word of God.

1. _ _ ○ _ _ _ _ _ _
2. _ _ _ _ _ _ _ ○
3. _ _ _ ○ _ _
4. ○ _ _ _ _
5. _ _ _ _ ○
6. _ _ _ _ ○ _ _
7. _ _ _ _ _ ○ _
8. _ ○ _ _ _

Answer: _ _ _ _ _ _ _ _

## CRYPTOSCRIPTURES

1. L DGBKTFTN YFHLU GN L PBFYU KF ZOB ZTNCLUJ: CTK NZO KZLK HLAOKZ LNZLHOJ GN LN BFKKOUUONN GU ZGN CFUON.

2. LJC HTQ, T UTMI, CKTJ PMC TJM ZPCKNM; QN PMN CKN SUPV, PHI CKTJ TJM DTCCNM; PHI QN PUU PMN CKN QTMO TZ CKV KPHI.

3. EQ KREQZ, EQ MUCUWOHP; EQYOFKQ TRFZ OGMQZKOZT PNQ GQMUW, OK O ZROZUHC WURH, XOWSQPN OERFP, KQQSUHC XNRA NQ AOT GQMRFZ.

# Day 361

## SPOTTY HEADLINES

NEW TESTAMENT HEADLINES

1.

**●ROMINENT MAN ●AS**
**DOC●OR FRI●ND ST●DY**
**C●RI●T●ANITY TH●ROUGH●Y**

__ __ __ __ __ __ __ __ __ __

2.

**R●LER DE●REE● A CENS●●**
**●O BE T●KEN TH●OU●HO●T**
**TH● V●●T L●ND**

__ __ __ __ __ __
__ __ __ __ __ __ __ __

3.

**DIETY BECOMES**
**R●QUIRED ●ACRIFICE FOR**
**●INFULLY UN●UST H●MANS**

__ __ __ __ __

# Day 362

## BIBLE QUOTATION

JAMES 2:26

| | | | | | | | | | |
|---|---|---|---|---|---|---|---|---|---|
| O | B | R | S | O | S | S | I | T | H |
| I | U | O | I | T | L | F | S | S | P |
| A | R | T | D | A | I | W | A | D | D |
| H | A | R | K | Y | H | I | T | T | E |
| W | O | D | T | A | H | E | O | H | T |
| E | D | I | | T | | S | U | I | E |
| F | O | W | | S | | O | | | |

# Day 363

## SCRAMBLED CIRCLES

1. REDAC
2. DESOILP
3. DOLTHEA
4. NROKEB
5. KFCLO
6. YOGODL
7. ROECNR
8. IGNK
9. EVIGATN
10. TAPERD
11. TIMES

They believe our lives are controlled by something other than God.

1. _ _ _ ○ _
2. ○ _ _ _ _ _ _ _
3. _ _ _ ○ _ _ _
4. _ ○ _ _ _ _
5. _ _ ○ _ _
6. _ _ _ _ ○ _
7. _ ○ _ _ _ _
8. _ _ _ ○
9. _ _ _ _ _ _ ○
10. _ _ _ _ ○ _
11. ○ _ _ _ _

Answer: _ _ _ _ _ _ _ _ _ _ _

# Day 364

## ANAGRAMS

Books of the Bible. . .

**Evict Luis**

_ _ _ _ _ _ _ _ _

Bible Cities. . .

**They ban**

_ _ _ _ _ _ _

Paul's Missionary Journeys. . .

**to a chin**

_ _ _ _ _ _ _

# Day 365

## CRYPTOSCRIPTURES

1. EKF YCQKQ QPDO, QKVVCB UDFFUC JXDUOBCH, PHO VRBEDO FXCG HRF, FR JRGC KHFR GC: VRB RV QKJX DQ FXC MDHLORG RV XCPSCH.

2. IDZ RYVZV MC DWV FDP, QWP DWV UVPMQRDZ KVRNVVW FDP QWP UVW, RYV UQW EYZMCR AVCLC.

3. EGK MXDQ RXSUGQYJKTXS ZG HTKBXDK RXUGKXDYSGYY; JSW ZG RXSKGSK HTKB YDRB KBTSVY JY MG BJUG: OXQ BG BJKB YJTW, T HTEE SGUGQ EGJUG KBGG, SXQ OXQYJNG KBGG.

# Answers

Day 1: smile, cased, match, trace, range, Bible, beard, plume, cried, winds, singe, pound, Yukon: "Behold, I see the heavens opened" Acts 7:56.

Day 2: Wait on the Lord: be of good courage, and he shall strengthen thine heart: wait, I say, on the Lord.

Day 3: mark, flag, heavy, would, transcribe, persistence; Let us therefore follow after the things which make for peace, and things wherewith one may edify another.

Day 4: 1.Jesus 2.prophets 3.shadows 4.sandal 5.baptize 6.Naphtali 7.parable 8.spirit 9.Pharisees 10.beatitudes 11.salt; John the Baptist

Day 5: 1.For this is the message that ye heard from the beginning, that we should love one another (1 John 3:11). 2.In every thing give thanks: for this is the will of God in Christ Jesus concerning you (1 Thessalonians 5:18). 3.Thus saith the Lord the King of Israel, and his redeemer the Lord of hosts; I am the first, and I am the last; and beside me there is no God (Isaiah 44:6).

Day 6: 1.NASOSM, Samson 2.AHON, Noah 3.IDVDA, David

Day 7: In him was life; and the life was the light of men.

Day 8: Hagar, lioness, Sarah, vine, vineyard

Day 9: 1.diverse 2.time 3.flame 4.ancient 5.garment 6.plucked 7.exceeding 8.wheels; Immanuel

Day 10: lines, plush, elect, miter, frame, salve, parse, train, elate, cream, clear, fries, surge: "Surely he hath borne our griefs" Isaiah 53:4.

Day 11: Know ye not that ye are the temple of God, and that the Spirit of God dwelleth in you?

Day 12: thimble, working, itchy, overtime, transferred, useless; Therefore, my beloved brethren, be ye stedfast, unmoveable, always abounding in the work of the Lord.

Day 13: 1.persevere 2.pagans 3.brother 4.revelation 5.sins 6.fullness 7.fellowship; Ephesus

Day 14: 1.Thus saith the Lord, Let not the wise man glory in his wisdom, neither let the mighty man glory in his might, let not the rich man glory in his riches (Jeremiah 9:23). 2.And they that know thy name will put their trust in thee: for thou, Lord, hast not forsaken them that seek thee (Psalm 9:10). 3.For the preaching of the cross is to them that perish foolishness; but unto us which are saved it is the power of God (1 Corinthians 1:18).

Day 15: 1.BARMAHA, Abraham 2.SALU, Saul 3.AEDLIN, Daniel

Day 16: Sing unto the Lord; for he hath done excellent things: this is known in all the earth.

Day 17: Hoshea, Joseph, Paul, Peter, Samson, Silas, Simeon

Day 18: 1.master 2.beasts 3.seven 4.kingdom 5.roots 6.occasion 7.speak 8.reign; mandrake

Day 19: meals, savor, flora, bingo, piece, names, chief, parch, sheer, shoal, cleat, great, speed: "I will dwell in the midst of thee" Zechariah 2:10.

Day 20: But when I became a man, I put away childish things.

Day 21: cover, home, silent, plankton, wealthy, fondue; No man can serve two masters: for either he will hate the one, and love the other; or else he will hold to the one, and despise the other.

Day 22: 1.people 2.groaning 3.consider 4.sovereign 5.mercy 6.sinful 7.struggle 8.control 9.passions; Priscilla

Day 23: 1.Then Peter and the other apostles answered and said, We ought to obey God rather than men (Acts 5:29). 2.Take heed that ye do not your alms before men, to be seen of them: otherwise ye have no reward of your Father which is in heaven (Matthew 6:1). 3.And the Lord, he it is that doth go before thee; he will be with thee, he will not fail thee, neither forsake thee: fear not, neither be dismayed (Deuteronomy 31:8).

Day 24: 1.MDAA, Adam 2.SEOMS, Moses 3.JHAEIERM, Jeremiah

Day 25: I have no greater joy than to hear that my children walk in truth.

Day 26: Abraham, Esau, Isaac, Jesus, Joseph, Mary, Simeon

Day 27: 1.galleries 2.posts 3.leaven 4.between 5.stories 6.hundred 7.three 8.narrow 9.north 10.broad 11.cubit 12.head 13.chamber 14.arches; love one another

Day 28: taped, stair, stiff, goner, month, place, acted, dread, blade, glade, tents: "And he is before all things" Colossians 1:17.

Day 29: Let us hear the conclusion of the whole matter: Fear God, and keep his commandments: for this is the whole duty of man.

Day 30: clothes, whereabouts, niche, smorgasbord, spicy, story; Come now, and let us reason together, saith the Lord: though your sins be as scarlet, they shall be as white as snow.

Day 31: 1.baptize 2.wonder 3.sorcery 4.youth 5.declare 6.stricken 7.multiply 8.earth 9.hands; Zechariah

Day 32: 1.A man also or woman that hath a familiar spirit, or that is a wizard, shall surely be put to death: they shall stone them with stones: their blood shall be upon them (Leviticus 20:27). 2.And it shall come to pass, that from one new moon to another, and from one sabbath to another, shall all flesh come to worship before me, saith the Lord (Isaiah 66:23). 3.Take my yoke upon you, and learn of me; for I am meek and lowly in heart: and ye shall find rest unto your souls (Matthew 11:29).

Day 33: 1.ICNA, Cain 2.OHPJSE, Joseph 3.NOLOMOS, Solomon

Day 34: And, behold, I come quickly; and my reward is with me, to give every man according as his work shall be.

Day 35: bushel, cubit, denarius, drachma, omer, shekel, talent

Day 36: 1.groan 2.chestnut 3.lament 4.spread 5.hand 6.slain 7.garden 8.bound 9.shadow; guardians

Day 37: heats, plaid, toned, paper, taper, Tampa, after, spied, sheet, pairs, lying, ports: "The word of the Lord endureth" 1 Peter 1:25.

Day 38: For God hath not appointed us to wrath, but to obtain salvation by our Lord Jesus Christ.

Day 39: captivated, homework, foggy, crystal, optimistic, bunny; And he shall be like a tree planted by the rivers of water, that bringeth forth his fruit in his season.

Day 40: 1.people 2.great 3.increase 4.restore 5.devour 6.outcast 7.behold 8.pass 9.smite; Pentecost

Day 41: 1.But God commendeth his love toward us, in that, while we were yet sinners, Christ died for us (Romans 5:8). 2.All scripture is given by inspiration of God, and is profitable for doctrine, for reproof, for correction, for instruction in righteousness (2 Timothy 3:16). 3.I know that, whatsoever God doeth, it shall be for ever: nothing can be put to it, nor any thing taken from it: and God doeth it, that men should fear before him (Ecclesiastes 3:14).

Day 42: 1.HGAIGA, Haggai 2.RIZAEHHCA, Zechariah 3.ABMHAAR, Abraham

Day 43: To every thing there is a season, and a time to every purpose under the heaven.

Day 44: asp, camel, dove, eagle, fish, goat, lamb

Day 45: 1.sword 2.exalt 3.among 4.scatter 5.speak 6.stretch 7.ruin 8.rivers; Damascus

Day 46: basil, daily, store, peril, dense, spied, ennui, serum, space, stead, bland: "What doth the Lord require?" Micah 6:8

Day 47: Let no man despise thy youth; but be thou an example of the believers, in word, in conversation, in charity, in spirit, in faith, in purity.

Day 48: sleeves, maybe, family, wronged, thick, unified; There are, it may be, so many kinds of voices in the world, and none of them is without signification.

Day 49: 1.near 2.green 3.siege 4.rulers 5.girdles 6.sister 7.derision 8.contain 9.scatter 10.pity 11.house 12.heathen; resurrection

Day 50: 1. Teach me to do thy will; for thou art my God: thy spirit is good; lead me into the land of uprightness (Psalm 143:10). 2.And God shall wipe away all tears from their eyes; and there shall be no more death, neither sorrow, nor crying, neither shall there be any more pain: for the former things are passed away (Revelation 21:4). 3. So Christ was once offered to bear the sins of many; and unto them that look for him shall he appear the second time without sin unto salvation (Hebrews 9:28).

Day 51: 1.RSETHE, Esther 2.OMANI, Naomi 3.AJUSOH, Joshua

Day 52: Behold, the Lord's hand is not shortened, that it cannot save; neither his ear heavy, that it cannot hear.

Day 53: goat, grain, lamb, meal, meat, oil, son

Day 54: 1.profane 2.frontiers 3.glory 4.heathen 5.stately 6.bones 7.voice 8.dumb 9.prophesy; righteous

Day 55: learn, stole, winds, trees, amble, rated, glued, caned, noble, blasé, china, vines, verge: "The king made Daniel a great man" Daniel 2:48.

Day 56: And whatsoever ye do, do it heartily, as to the Lord, and not unto men.

Day 57: flame, young, Wisconsin, biography, caricature, diet; For ye are bought with a price: therefore glorify God in your body, and in your spirit, which are God's.

Day 58: 1.blessed 2.spirit 3.mourn 4.forbade 5.pinnacle; Simon

Day 59: 1.Not that which goeth into the mouth defileth a man; but that which cometh out of the mouth, this defileth a man (Matthew 15:11). 2.There is none holy as the Lord: for there is none beside thee: neither is there any rock like our God (1 Samuel 2:2). 3.In God I will praise his word, in God I have put my trust; I will not fear what flesh can do unto me (Psalm 56:4).

Day 60: 1.BAJCO, Jacob 2.SUEA, Esau 3.OLT, Lot

Day 61: Thou shalt have no other gods before me.

Day 62: Abraham, Cyrus, Darius, David, Jacob, Ruth, Samuel

Day 63: 1.flesh 2.manner 3.dealt 4.perish 5.execute 6.fallen 7.stretch 8.desire 9.despite 10.mourn 11.washed; Felix and Festus

Day 64: Bahia, Oprah, tills, grand, guest, lemon, their, riles, curds, piece, dealt, drawn, strap: "The Lord hath set a king over you." 1 Samuel 12:13

Day 65: Dearly beloved, avenge not yourselves, but rather give place unto wrath: for it is written, Vengeance is mine; I will repay, saith the Lord.

Day 66: flight, daytime, preview, pseudonym, scrutiny, rooster; If any man defile the temple of God, him shall God destroy; for the temple of God is holy, which temple ye are.

Day 67: 1.revile 2.Galilee 3.temple 4.country 5.angel 6.heard 7.rejoice 8.Herod 9.prison 10.pearl 11.blade; little child

Day 68: 1.Favour is deceitful, and beauty is vain: but a woman that feareth the Lord, she shall be praised (Proverbs 31:30). 2.And ye shall know that I am in the midst of Israel, and that I am the Lord your God, and none else: and my people shall never be ashamed (Joel 2:27). 3.And Jesus said unto them, I am the bread of life: he that cometh to me shall never hunger; and he that believeth on me shall never thirst (John 6:35).

Day 69: 1.EKEAHRB, Rebekah 2.EIADNL, Daniel 3.ZKHAEHEI, Hezekiah

Day 70: I will extol thee, my God, O king; and I will bless thy name for ever and ever.

Day 71: Bethshan, Damascus, Jericho, Jerusalem, Moab, Rabbah, Samaria

Day 72: 1.debtor 2.beget 3.branch 4.midst 5.eminent 6.toward 7.taken 8.broken 9.poor; tentmaker

Day 73: moose, scope, prate, shire, flute, court, inure, start, ceded, chair, piles, claim: "Who can judge this thy people?" 2 Chronicles 1:10

Day 74: The Lord is my light and my salvation; whom shall I fear? the Lord is the strength of my life; of whom shall I be afraid?

Day 75: duration, garbage, lawless, example, confirm, harmony; Do all things without murmurings and disputings.

Day 76: 1.Jesus 2.damsel 3.depart 4.time 5.receive 6.honor 7.kingdom; Jericho

Day 77: 1.The Lord is good, a strong hold in the day of trouble; and he knoweth them that trust in him (Nahum 1:7). 2.Let no corrupt communication proceed out of your mouth, but that which is good to the use of edifying, that it may minister grace unto the hearers (Ephesians 4:29). 3.But the Comforter, which is the Holy Ghost, whom the Father will send in my name, he shall teach you all things, and bring all things to your remembrance, whatsoever I have said unto you (John 14:26).

Day 78: 1.MLOOSON, Solomon 2.EMSOS, Moses 3.DGO, God

Day 79: Verily, verily, I say unto you, He that believeth on me hath everlasting life.

Day 80: deeds, frailties, needs, sorrows, thoughts, words

Day 81: 1.famine 2.under 3.taunt 4.ninety 5.country 6.high 7.statutes 8.siege; Eutychus

Day 82: weird, grits, Ravel, rival, shame, riled, miser, daily, eight, dense, dries, clank, sleds: "Why is the house of God forsaken?" Nehemiah 13:11

Day 83: For whether we live, we live unto the Lord; and whether we die, we die unto the Lord: whether we live therefore, or die, we are the Lord's.

Day 84: claustrophobia, defective, May, glutton, review, upstairs; Surely goodness and mercy shall follow me all the days of my life: and I will dwell in the house of the Lord for ever.

Day 85: 1.sheep 2.dancing 3.women 4.continued 5.capture 6.Philistine; Samuel

Day 86: 1.For as the heavens are higher than the earth, so are my ways higher than your ways, and my thoughts than your thoughts (Isaiah 55:9). 2.There shall not any man be able to stand before thee all the days of thy life: as I was with Moses, so I will be with thee: I will not fail thee, nor forsake thee (Joshua 1:5). 3.The Lord hath appeared of old unto me, saying, Yea, I have loved thee with an everlasting love: therefore with lovingkindness have I drawn thee (Jeremiah 31:3).

Day 87: 1.JLEAIH, Elijah 2.JSOHAI, Josiah 3.CJOAB, Jacob

Day 88: Yet I will rejoice in the Lord, I will joy in the God of my salvation.

Day 89: Aaron, Ananias, Annas, Eli, Ezra, Joshua, Zacharias

Day 90: 1.stone 2.enemy 3.young 4.arrow 5.against 6.shout 7.gravel 8.sought 9.quiver; synagogue

Day 91: trine, dirts, stray, loath, chain, mired, leash, bikes, malts, eager, legit: "Have joy of thee in the Lord" Philemon 20.

Day 92: Let all bitterness, and wrath, and anger, and clamour, and evil speaking, be put away from you, with all malice.

Day 93: muddy, clover, father, ghost, naughty, beneficiary; A good name is rather to be chosen than great riches, and loving favour rather than silver and gold.

Day 94: 1.Zidon 2.battle 3.rising 4.tribes 5.plains 6.strength 7.chariots 8.toward 9.death; Zarephath

Day 95: 1.Moreover whom he did predestinate, them he also called: and whom he called, them he also justified: and whom he justified, them he also glorified (Romans 8:30). 2.How excellent is thy lovingkindness, O God! therefore the children of men put their trust under the shadow of thy wings (Psalm 36:7). 3.And whosoever shall speak a word against the Son of man, it shall be forgiven him: but unto him that blasphemeth against the Holy Ghost it shall not be forgiven (Luke 12:10).

Day 96: 1.ARHSA, Sarah 2.AICSA, Isaac 3.NHSMAEAS, Manasseh

Day 97: A soft answer turneth away wrath: but grievous words stir up anger.

Day 98: Abdon, Deborah, Ehud, Gideon, Jair, Othniel, Tola

Day 99: 1.gnash 2.prophet 3.secret 4.covered 5.drunken 6.misery 7.destroy; sorcery

Day 100: files, tunic, prate, fable, earth, cowed, tiles, slain, evens, baste, black, paper, leaps: "Thou shalt love the Lord thy God" Deuteronomy 6:5.

Day 101: For every one that asketh receiveth; and he that seeketh findeth; and to him that knocketh it shall be opened.

Day 102: camouflage, winter, five, happy, adoration, listless; Even a fool, when he holdeth his peace, is counted wise: and he that shutteth his lips is esteemed a man of understanding.

Day 103: 1.above 2.Zaccur 3.judgment 4.workman 5.willing 6.service 7.bowls; Ezekiel

Day 104: 1.There is that maketh himself rich, yet hath nothing: there is that maketh himself poor, yet hath great riches (Proverbs 13:7). 2.Now we know that God heareth not sinners: but if any man be a worshipper of God, and doeth his will, him he heareth (John 9:31). 3.Blessed be God, even the Father of our Lord Jesus Christ, the Father of mercies, and the God of all comfort (2 Corinthians 1:3).

Day 105: 1.ZLEEEJB, Jezebel 2.AAANNM, Naaman 3.AREOJHM, Jehoram

Day 106: Take my yoke upon you, and learn of me; for I am meek and lowly in heart: and ye shall find rest unto your souls.

Day 107: Nicanor, Nicolas, Parmenas, Philip, Prochorus, Stephen, Timon

Day 108: 1.behold 2.watch 3.zealous 4.escape 5.brook 6.fury 7.ashes; Lazarus

Day 109: decal, frail, clear, prime, greed, hated, stead, corps, flute, homer, count, grain, grail: "My grace is sufficient for thee" 2 Corinthians 12:9.

Day 110: My bretheren, count it all joy when ye fall into divers temptations.

Day 111: beautify, mend, waterlogged, undertaker, centennial, hesitant; But his delight is in the law of the Lord; and in his law doth he meditate day and night.

Day 112: 1.job 2.appointed 3.troops 4.terrors 5.pillars 6.Zebedee 7.exalted; baptize

Day 113: 1.O God, thou art my God; early will I seek thee: my soul thirsteth for thee, my flesh longeth for thee in a dry and thirsty land, where no water is (Psalm 63:1). 2.The woman shall not wear that which pertaineth unto a man, neither shall a man put on a woman's garment: for all that do so are abomination unto the Lord thy God (Deuteronomy 22:5). 3.And the Lord said unto Moses, I will do this thing also that thou hast spoken: for thou hast found grace in my sight, and I know thee by name (Exodus 33:17).

Day 114: 1.MEOSS, Moses 2.OJB, Job 3.MLESUETHHA, Methuselah

Day 115: That thou mayest walk in the way of good men, and keep the paths of the righteous.

Day 116: David, John, Joshua, Luke, Matthew, Samuel, Solomon

Day 117: 1.Gilead 2.violence 3.kindle 4.worship 5.enter 6.roofs 7.farther 8.fire 9.life 10.Lebanon 11.abide; lilies of the field

Day 118: lanai, tripe, green, teach, trips, share, train, snood, flair, aging, alarm, float, cribs: "A name which is above every name" Philippians 2:9.

Day 119: Put on the whole armour of God, that ye may be able to stand against the wiles of the devil.

Day 120: bewildered, hindrance, toothpaste, putty, flash, spirit; But thou, when thou prayest, enter into thy closet, and when thou hast shut thy door, pray to thy Father which is in secret.

Day 121: 1.consume 2.exalt 3.pleasure 4.servant 5.answer 6.worship 7.pasture; expanse

Day 122: 1.Before the mountains were brought forth, or ever thou hadst formed the earth and the world, even from everlasting to everlasting, thou art God (Psalm 90:2). 2.Though a sinner do evil an hundred times, and his days be prolonged, yet surely I know that it shall be well with them that fear God, which fear before him (Ecclesiastes 8:12). 3.And whatsoever ye do in word or deed, do all in the name of the Lord Jesus, giving thanks to God and the Father by him (Colossians 3:17).

Day 123: 1.ONJAH, Jonah 2.AHANHN, Hannah 3.HEIARZACH, Zechariah

Day 124: Mercy unto you, and peace, and love, be multiplied.

Day 125: Daniel, Esther, Genesis, Jeremiah, Numbers, Proverbs, Psalms

Day 126: 1.incense 2.amend 3.glean 4.revolt 5.burned 6.rapture 7.nation 8.wholly 9.friend; centurion

Day 127: lured, eaten, drags, posed, lends, eased, begin, flake, poise, rites, bring, drive, flare: "Therefore, brethren, stand fast" 2 Thessalonians 2:15.

Day 128: O ye sons of men, how long will ye turn my glory into shame? how long will ye love vanity, and seek after leasing?

Day 129: friend, imaginary, UT, buckle, swamp, glover; A word fitly spoken is like apples of gold in pictures of silver.

Day 130: 1.eaten 2.bones 3.terrible 4.hearth 5.righteous 6.ordinance 7.enemy; Abraham

Day 131: 1.The Lord knoweth how to deliver the godly out of temptations, and to reserve the unjust unto the day of judgment to be punished (2 Peter 2:9). 2.Keep yourselves in the love of God, looking for the mercy of our Lord Jesus Christ unto eternal life (Jude 21). 3.And Jesus looking upon them saith, With men it is impossible, but not with God: for with God all things are possible (Mark 10:27).

Day 132: 1.EDGION, Gideon 2.ZZNHUBECDARAEN, Nebuchadnezzar 3.DIDAV, David

Day 133: Thou art more glorious and excellent than the mountains of prey.

Day 134: anise, veal, fish, mint, mustard

Day 135: 1.blood 2.widow 3.swear 4.dust 5.falsely 6.stand 7.cause 8.playing 9.people 10.execute 11.round; The Lord's Supper

Day 136: fairs, train, roper, curse, means, realm, drain, doing, coral, agree, fared, "Go to the ant, thou sluggard" Proverbs 6:6.

Day 137: Wherefore, my dearly beloved, flee from idolatry.

Day 138: participate, adventure, flawless, mutter, authentic, onward; The words of the Lord are pure words: as silver tried in a furnace of earth, purified seven times.

Day 139: 1.Jeremiah 2.trouble 3.speak 4.neither 5.build 6.Tarshish; Joshua

Day 140: 1.It is good that a man should both hope and quietly wait for the salvation of the Lord (Lamentations 3:26). 2.For the day of the Lord is near upon all the heathen: as thou hast done, it shall be done unto thee: thy reward shall return upon thine own head (Obadiah 15). 3.And this is life eternal, that they might know thee the only true God, and Jesus Christ, whom thou hast sent (John 17:3).

Day 141: 1.TNOHBA, Naboth 2.AALMBA, Balaam 3.ZREA, Ezra

Day 142: For whosoever exalteth himself shall be abased; and he that humbleth himself shall be exalted.

Day 143: Ararat, Carmel, Hor, Horeb, Moriah, Olive, Sinai

Day 144: 1.thirst 2.showers 3.arise 4.plant 5.away 6.reject 7.prosper 8.change 9.kings; shipwreck

Day 145: close, plain, laced, lover, cling, steed, slant, least, rosin, regal, glide, shunt, stain: "To every thing there is a season" Ecclesiastes 3:1.

Day 146: Lift up your heads, O ye gates; even lift them up, ye everlasting doors; and the King of glory shall come in.

Day 147: politician, swirl, rhyme, doggie bag, turn, forget; Let the word of Christ dwell in you richly in all wisdom; teaching and admonishing one another in psalms and hymns and spiritual songs.

Day 148: 1.wilderness 2.country 3.wheat 4.weight 5.remember 6.Lord 7.bracelet 8.Zion; Ruth and Boaz

Day 149: 1.I exhort therefore, that, first of all, supplications, prayers, intercessions, and giving of thanks, be made for all men (1 Timothy 2:1). 2.Beloved, follow not that which is evil, but that which is good. He that doeth good is of God: but he that doeth evil hath not seen God (3 John 11). 3.For the rod of the wicked shall not rest upon the lot of the righteous; lest the righteous put forth their hands unto iniquity (Psalm 125:3).

Day 150: 1.CEBLA, Caleb 2.LDIALEH, Delilah 3.INGDOE, Gideon

Day 151: Jesus Christ the same yesterday, and to day, and for ever.

Day 152: Aaron, David, Elijah, Elisha, Jacob, Moses, Solomon

Day 153: 1.portion 2.marry 3.forget 4.beauty 5.remember 6.sprinkle 7.grief; parable

Day 154: feint, stone, stile, shred, sting, final, creed, Latin, chase, grief, blurt, scone, scare: "Thou anointest my head with oil" Psalm 23:5.

Day 155: To the weak became I as weak, that I might gain the weak: I am made all things to all men, that I might by all means save some.

Day 156: Hyde, wrestle, buffalo, muggy, ancient, herbal; I will sing unto the Lord, because he hath dealt bountifully with me.

Day 157: 1.great 2.horses 3.jealous 4.midst 5.Jerusalem 6.plummet 7.hosts; Goliath

Day 158: 1.God is not a man, that he should lie; neither the son of man, that he should repent: hath he said, and shall he not do it? or hath he spoken, and shall he not make it good? (Numbers 23:19). 2.Let your heart therefore be perfect with the Lord our God, to walk in his statutes, and to keep his commandments, as at this day (1 Kings 8:61). 3.If thine enemy be hungry, give him bread to eat; and if he be thirsty, give him water to drink (Proverbs 25:21).

Day 159: 1.EJLA, Jael 2.EZZBSRHAAL, Belshazzar 3.HPARHOA, Pharaoh

Day 160: A double minded man is unstable in all his ways.

Day 161: angels, beauty, eternity, holiness, joy, perfection, unity

Day 162: 1.And God made the firmament, and divided the waters which were under the firmament from the waters which were above the firmament: and it was so (Genesis 1:7). 2.And the boys grew: and Esau was a cunning hunter, a man of the field; and Jacob was a plain man, dwelling in tents (Genesis 25:27). 3.As thou knowest not what is the way of the spirit, nor how the bones do grow in the womb of her that is with child: even so thou knowest not the works of God who maketh all (Ecclesiastes 11:5).

Day 163: chair, named, trams, blade, learn, agent, trick, waver, Paris, verso, barge, plane, reeds: "There is one body, and one Spirit" Ephesians 4:4.

Day 164: I will call upon the Lord, who is worthy to be praised: so shall I be saved from mine enemies.

Day 165: expensive, logical, bystander, whine, autograph, embrace; O Lord, our Lord, how excellent is thy name in all the earth! who hast set thy glory above the heavens.

Day 166: 1.sinful 2.father 3.assemble 4.vision 5.gladness 6.brethren 7.faith 8.opened 9.found; salvation

Day 167: 1.Likewise, I say unto you, there is joy in the presence of the angels of God over one sinner that repenteth (Luke 15:10). 2.But God hath chosen the foolish things of the world to confound the wise; and God hath chosen the weak things of the world to confound the things which are mighty (1 Corinthians 1:27). 3.For the love of money is the root of all evil: which while some coveted after, they have erred from the faith, and pierced themselves through with many sorrows (1 Timothy 6:10).

Day 168: 1.HIAASI, Isaiah 2.LARSEI, Israel 3.MHNAA, Haman

Day 169: But he knoweth the way that I take: when he hath tried me, I shall come forth as gold.

Day 170: Cain, Canaan, ground, Jehoiachin, nature, serpent

Day 171: picky, swallowed, bump, gargle, chauffeur, nutritious; He that is slow to anger is better than the mighty; and he that ruleth his spirit than he that taketh a city.

Day 172: hotly, crate, canes, aural, doing, stark, spice, ratio, boles, stain, pride, capes: "But the tongue can no man tame" James 3:8.

Day 173: Boast not thyself of to morrow; for thou knowest not what a day may bring forth.

Day 174: Jesus saith unto him, I am the way, the truth, and the life: no man cometh unto the Father, but by me.

Day 175: 1.Samaria 2.remove 3.sepulchre 4.anointed 5.Bethlehem 6.covenant 7.captain; Solomon

Day 176: 1.Wherefore we receiving a kingdom which cannot be moved, let us have grace, whereby we may serve God acceptably with reverence and godly fear (Hebrews 12:28). 2.He is the Rock, his work is perfect: for all his ways are judgment: a God of truth and without iniquity, just and right is he (Deuteronomy 32:4). 3.He hath made the earth by his power, he hath established the world by his wisdom, and hath stretched out the heavens by his discretion (Jeremiah 10:12).

Day 177: 1.EEV, Eve 2.BJCAO, Jacob 3.UEALMS, Samuel

Day 178: Recompense to no man evil for evil. Provide things honest in the sight of all men.

Day 179: Abraham, Isaac, Israel, Jacob, Joshua, Moses, Noah

Day 180: Corinthians, Garden of Eden, Simon Peter

Day 181: quiet, doing, grave, reset, slice, chord, timed, scans, plate, raise, spins: "A new heaven and a new earth" Revelation 21:1.

Day 182: I will both lay me down in peace, and sleep: for thou, Lord, only makest me dwell in safety.

Day 183: high school, flavour, wiggle, calendar, recovery, market; The Lord is my rock, and my fortress, and my deliverer; my God, my strength, in whom I will trust.

Day 184: 1.compass 2.captive 3.desolate 4.Babylon 5.gravel 6.spanned 7.strait 8.ashamed; city gate

Day 185: 1.And be not conformed to this world: but be ye transformed by the renewing of your mind, that ye may prove what is that good, and acceptable, and perfect, will of God (Romans 12:2). 2.And a voice came out of the throne, saying, Praise our God, all ye his servants, and ye that fear him, both small and great (Revelation 19:5). 3.But without faith it is impossible to please him: for he that cometh to God must believe that he is, and that he is a rewarder of them that diligently seek him (Hebrews 11:6).

Day 186: 1.UEKL, Luke 2.NNAA, Anna 3.OJNH, John

Day 187: While it is said, To day if ye will hear his voice, harden not your hearts, as in the provocation.

Day 188: Anna, Elisabeth, Joseph, Mary, shepherds, Simeon, Zacharias

Day 189: Battle of Jericho, Genesis, Dead Sea

Day 190: lanky, cadet, spent, ravel, piled, raked, shear, raise, brave, Maine, local, broad, lines: "Blessed be the glory of the Lord" Ezekiel 3:12.

Day 191: But I keep under my body. . .lest that by any means, when I have preached to others, I myself should be a castaway.

Day 192: justice, balance, favors, damaged, wither, plural; Serve the Lord with fear, and rejoice with trembling.

Day 193: 1.Jeremiah 2.double 3.born 4.hunters 5.driven 6.justice 7.carcasses 8.abhor; Adonijah

Day 194: 1.Behold, the Lord's hand is not shortened, that it cannot save; neither his ear heavy, that it cannot hear (Isaiah 59:1). 2.O God, thou art my God; early will I seek thee: my soul thirsteth for thee. . .in a dry and thirsty land, where no water is (Psalm 63:1). 3.Neither shalt thou lie with any beast to defile thyself therewith: neither shall any woman stand before a beast to lie down thereto: it is confusion (Leviticus 18:23).

Day 195: 1.LASU, Saul 2.TEREP, Peter 3.PSNTEEH, Stephen

Day 196: Who is he that overcometh the world, but he that believeth that Jesus is the Son of God?

Day 197: centurion, Herod, Joseph, Martha, Pharisees, Pilate

Day 198: Lamentations, Mary Magdalene, prodigal son

Day 199: heart, threw, fable, scale, caste, their, bread, Fords, verbs, least, trace, sight, champ: "Learn not the way of the heathen" Jeremiah 10:2.

Day 200: I will praise the Lord according to his righteousness: and will sing praise to the name of the Lord most high.

Day 201: guppy, lovable, kindergarten, astronomy, chef, nominate; Arise, O Lord; save me, O my God: for thou hast smitten all mine enemies upon the cheek bone.

Day 202: 1.famine 2.forgive 3.Judah 4.contend 5.vanity 6.forsaken 7.filled 8.inhabit 9.salvation 10.Jerusalem 11.priests; The Mount of Olives

Day 203: 1.Look not every man on his own things, but every man also on the things of others (Philippians 2:4). 2.And when Jesus had cried with a loud voice, he said, Father, into thy hands I commend my spirit: and having said thus, he gave up the ghost (Luke 23:46). 3.The eye that mocketh at his father, and despiseth to obey his mother, the ravens of the valley shall pick it out, and the young eagles shall eat it (Proverbs 30:17).

Day 204: 1.IEMAGALL, Gamaliel 2.OLEHC, Chloe 3.AULP, Paul

Day 205: And the world passeth away, and the lust thereof: but he that doeth the will of God abideth for ever.

Day 206: figs, garlic, grapes, honey, lamb, millet, olives

Day 207: Philemon, Pharisees, Herodias

Day 208: sheer, paned, bated, grant, going, forks, halos, brand, rated, using, stomp, cleat: "For I delight in the law of God" Romans 7:22.

Day 209: The thing that hath been, it is that which shall be; and that which is done is that which shall be done: and there is no new thing under the sun.

Day 210: farm, colander, honeymoon, labyrinth, PG movies, outgrow; Let the words of my mouth, and the meditation of my heart, be acceptable in thy sight, O Lord, my strength, and my redeemer.

Day 211: 1.Chaldeans 2.slain 3.rumor 4.violence 5.multitude 6.Jerusalem; Camels

Day 212: 1.Give unto the Lord the glory due unto his name: bring an offering, and come before him: worship the Lord in the beauty of holiness (1 Chronicles 16:29). 2.And God gave Solomon wisdom and understanding exceeding much, and largeness of heart, even as the sand that is on the sea shore (1 Kings 4:29). 3.I the Lord search the heart, I try the reins, even to give everyman according to his ways, and according to the fruit of his doings (Jeremiah 17:10).

Day 213: 1.SJSEU, Jesus 2.IDAEORHS, Herodias 3.EONMSI, Simeon

Day 214: Because it is written, Be ye holy; for I am holy.

Day 215: Andrew, John, Judas, Peter, Philip, Simon, Thomas

Day 216: Thessalonians, Mount Ararat, Nineveh

Day 217: draft, grain, robin, lathe, there, ether, banal, scene, Tiber, brier, pains, cents, deter: "God, what shall we say after this?" Ezra 9:10

Day 218: Some trust in chariots, and some in horses: but we will remember the name of the Lord our God.

Day 219: Pacific, knuckle, extravagant, questionable, hardware, missionary; Be careful for nothing; but in every thing by prayer and supplication with thanksgiving let your requests be made known unto God.

Day 220: 1.smite 2.round 3.under 4.instruction 5.thick 6.sight 7.consume 8.Savior 9.remnant 10.rebuke; Mount Horeb

Day 221: 1.The thief cometh not, but for to steal, and to kill, and to destroy: I am come that they might have life, and that they might have it more abundantly (John 10:10). 2.For the husband is the head of the wife, even as Christ is the head of the church: and he is the saviour of the body (Ephesians 5:23). 3.For all that is in the world, the lust of the flesh, and the lust of the eyes, and the pride of life, is not of the Father, but is of the world (1 John 2:16).

Day 222: 1.TPSBTHONTHJAIE, John the Baptist 2.LUAP, Paul 3.TSERMPEINO, Simon Peter

Day 223: For the Lord will not forsake his people for his great name's sake: because it hath pleased the Lord to make you his people.

Day 224: Ahiman, Anak, Goliath, Lahmi, Og, Sippai, Talmai

Day 225: Jeremiah, Rehoboam, Nicodemus

Day 226: stoop, cello, leans, darts, ruled, tried, aping, droll, mural, dined, cones, decal, gleam: "Unto God would I commit my cause" Job 5:8.

Day 227: I can do all things through Christ which strengtheneth me.

Day 228: weekday, embezzle, perfect, dugout, evaporate, fashion; Let nothing be done through strife or vainglory; but in lowliness of mind let each esteem other better than themselves.

Day 229: 1.Ezekiel 2.kingdom 3.Ethiopia 4.carbuncle 5.pharaoh 6.lifted 7.slain 8.terrible 9.judge 10.reproach 11.heathen; Enoch, Elijah

Day 230: 1.Be still, and know that I am God: I will be exalted among the heathen, I will be exalted in the earth (Psalm 46:10). 2.He that is slow to anger is better than the mighty; and he that ruleth his spirit than he that taketh a city (Proverbs 16:32). 3.Jesus answered, Verily, verily, I say unto thee, Except a man be born of water and of the Spirit, he cannot enter into the kingdom of God (John 3:5).

Day 231: 1.YMTOTIH, Timothy 2.USEOMSIN, Onesimus 3.TERPE, Peter

Day 232: Being confident of this very thing, that he which hath begun a good work in you will perform it until the day of Jesus Christ.

Day 233: castanets, drum, harp, lyre, organ, trumpet, zither

Day 234: Creation, Timothy, Bartimaeus

Day 235: cares, tying, learn, sales, final, Milan, throe, maids, carts, grain, singe, bleat: "Thy people shall be my people" Ruth 1:16.

Day 236: Love your enemies, bless them that curse you, do good to them that hate you, and pray for them which despitefully use you, and persecute you.

Day 237: vat, choreography, despair, working, misbelief, origami; The heavens declare the glory of God; and the firmament sheweth his handywork.

Day 238: 1.burning 2.season 3.matter 4.thousand 5.Persians 6.signet 7.early; Bethany

Day 239: 1.Blessed is the man that endureth temptation: for when he is tried, he shall receive the crown of life, which the Lord hath promised to them that love him (James 1:12). 2.But unto you that fear my name shall the Sun of righteousness arise with healing in his wings; and ye shall go forth, and grow up as calves of the stall (Malachi 4:2). 3.For God sent not his Son into the world to condemn the world; but that the world through him might be saved (John 3:17).

Day 240: 1.ANBBRAAS, Barnabas 2.RHDOE, Herod 3.AMOTSH, Thomas

Day 241: It is God that girdeth me with strength, and maketh my way perfect.

Day 242: Bethlehem, Corinth, Jerusalem, Nazareth, Rome, Tarsus

Day 243: Galatians, Good Samaritan, Mediterranean
Day 244: lease, clerk, quint, seeds, giant, sided, snore, agent, warms, thorn, court, drawn: "Bear ye one another's burdens" Galatians 6:2.

Day 245: Every word of God is pure: he is a shield unto them that put their trust in him.

Day 246: window, hindsight, viable, March, guiltless, headache; Let love be without dissimulation. Abhor that which is evil; cleave to that which is good.

Day 247: 1.plowed 2.Bethel 3.divided 4.incense 5.images 6.return 7.branches 8.depart 9. derision; Leviathan

Day 248: 1.Thou shalt not take the name of the LORD thy God in vain; for the LORD will not hold him guiltless that taketh his name in vain (Exodus 20:7). 2.And there arose not a prophet since in Israel like unto Moses, whom the LORD knew face to face (Deuteronomy 34:10). 3.And the Lord shall deliver me from every evil work, and will preserve me unto his heavenly kingdom: to whom be glory for ever and ever. Amen (2 Timothy 4:18).

Day 249: 1.RUASALZ, Lazarus 2.COIEUSMDN, Nicodemus 3.AGUSI, Gaius

Day 250: And ye shall seek me, and find me, when ye shall search for me with all your heart.

Day 251: Canaanite, centurion, leper, Martha, Paul, publican, Samaritan

Day 252: Judas Iscariot, Zechariah, Mount of Olives

Day 253: croon, bated, drain, caper, crime, being, vials, lines, dream, carts, skied, amber, stile: "Thou hast sent me into the world" John 17:18.

Day 254: If any of you lack wisdom, let him ask of God, that giveth to all men liberally, and upbraideth not; and it shall be given him.

Day 255: revenge, chair, amputate, wooden, free, blame; Be not overcome of evil, but overcome evil with good.

Day 256: 1.judgment 2.hemlock 3.graven 4.pursue 5.mischief 6.fallow 7.tumult 8.reaped 9.murder; Jerusalem
Day 257: 1.So then because thou art lukewarm, and neither cold nor hot, I will spue thee out of my mouth (Revelation 3:16). 2.And now why tarriest thou? arise, and be baptized, and wash away thy sins, calling on the name of the Lord (Acts 22:16). 3.Ye shall diligently keep the commandments of the LORD your God, and his testimonies, and his statutes, which he hath commanded thee (Deuteronomy 6:17).

Day 258: 1.REPTE, Peter 2.EUSJS, Jesus 3.RTDEESPOHI, Diotrephes

Day 259: But it is good for me to draw near to God: I have put my trust in the Lord GOD, that I may declare all thy works.

Day 260: Almighty, Blessed, Messiah, Prince, Redeemer, Saviour, Shepherd

Day 261: Damascus, Deuteronomy, Mesopotamia

Day 262: teach, later, there, heard, laced, mayor, their, flare, topic, dream, mends, waste, toils: "Holding fast the faithful word" Titus 1:9.

Day 263: Lead me, O LORD, in thy righteousness because of mine enemies; make thy way straight before my face.

Day 264: tickle, dragon, folly, wishbone, agriculture, protective; Whether therefore ye eat, or drink, or whatsoever ye do, do all to the glory of God.

Day 265: 1.Obadiah 2.stubble 3.mighty 4.remain 5.fields 6.thirst 7.prevail 8.breaches; Athaliah

Day 266: 1.Only fear the LORD, and serve him in truth with all your heart: for consider how great things he hath done for you (1 Samuel 12:24). 2.Nevertheless for thy great mercies' sake thou didst not utterly consume them, nor forsake them; for thou art a gracious and merciful God (Nehemiah 9:31). 3.And we know that all things work together for good to them that love God, to them who are the called according to his purpose (Romans 8:28).

Day 267: 1.YMRA, Mary 2.GRMEMNAYEALAD, Mary Magdalene 3.CEENUI, Eunice

Day 268: Set your affection on things above, not on things on the earth.

Day 269: Babylon, Bethel, Damascus, Gaza, Jericho, Nineveh, Samaria

Day 270: Malachi, Elisabeth, Agrippa

Day 271: grand, vines, under, medal, frame, Latin, dread, write, slims, gamin, boned, hedge, stare: "God created man in his own image" Genesis 1:27.

Day 272: Know ye not that they which run in a race run all, but one receiveth the prize? So run, that ye may obtain.

Day 273: tuxedo, jewelry, zoology, fabric, path, submarine; For by one Spirit are we all baptized into one body, whether we be Jews or Gentiles, whether we be bond or free.

Day 274: 1.dedicate 2.written 3.governor 4.servant 5.river 6.building 7.upon 8.sedition; denarius

Day 275: 1.Be careful for nothing; but in every thing by prayer and supplication with thanksgiving let your requests be made known unto God (Philippians 4:6). 2.Herein is love, not that we loved God, but that he loved us, and sent his Son to be the propitiation for our sins (1 John 4:10). 3.And he said to them all, If any man will come after me, let him deny himself, and take up his cross daily, and follow me (Luke 9:23).

Day 276: 1.UDASJ, Judas 2.AAPRGPI, Agrippa 3.NANAIAS, Ananias

Day 277: For they that are after the flesh do mind the things of the flesh; but they that are after the Spirit the things of the Spirit.

Day 278: Abraham, Adam, David, Isaac, Jonah, Moses, Noah

Day 279: Colossians, Delilah, Last Supper

Day 280: trade, plant, tease, alarm, refer, heart, later, satin, tough, creak, frees, amiss, slain: "For the Lord thy God is with thee" Joshua 1:9.

Day 281: To every thing there is a season, and a time to every purpose under the heaven.

Day 282: hurricane, fitness, magic, periwinkle, vulnerable, yonder; Even as I please all men in all things, not seeking mine own profit, but the profit of many, that they may be saved.

Day 283: 1.Levites 2.Passover 3.lambs 4.timber 5.rams 6.number 7.Darius 8.decree 9.killed 10.seven; tabernacle

Day 284: 1.And the Lord God said unto the woman, What is this that thou hast done? And the woman said, The serpent beguiled me, and I did eat (Genesis 3:13). 2.The fathers shall not be put to death for the children, neither shall the children be put to death for the fathers: every man shall be put to death for his own sin (Deuteronomy 24:16). 3.I will praise thee; for I am fearfully and wonderfully made: marvellous are thy works; and that my soul knoweth right well (Psalm 139:14).

Day 285: 1.ARNEDW, Andrew 2.MALESO, Salome 3.AIARSHPP, Sapphira

Day 286: I will say of the Lord, He is my refuge and my fortress: my God; in him will I trust.

Day 287: eternal, gracious, holy, infinite, just, merciful, wise

Day 288: Jericho, Pontius Pilate, Onesimus

Day 289: drone, stomp, grain, eater, dined, place, tardy, prose, grate, moist, throe: "I am with you, saith the Lord" Haggai 1:13.

Day 290: Be kindly affectioned one to another with brotherly love; in honour preferring one another.

Day 291: temperament, extra, howled, umbrella, strategic, yourself; All things are lawful unto me, but all things are not expedient: all things are lawful for me, but I will not be brought under the power of any.

Day 292: 1.cubit 2.publish 3.pine 4.brought 5.divide 6.waters 7.portions 8.Egypt 9.grieved; cupbearer

Day 293: 1.And immediately the angel of the Lord smote him, because he gave not God the glory: and he was eaten of worms, and gave up the ghost (Acts 12:23). 2.For the weapons of our warfare are not carnal, but mighty through God to the pulling down of strong holds (2 Corinthians 10:4). 3.He that covereth his sins shall not prosper: but whoso confesseth and forsaketh them shall have mercy (Proverbs 28:13).

Day 294: 1.PTEALI, Pilate 2.EATTWHM, Matthew 3.HACCAZUSE, Zacchaeus

Day 295: For the Lord giveth wisdom: out of his mouth cometh knowledge and understanding.

Day 296: Barnabas, James, Jude, Peter, Philip, Silas, Timothy

Day 297: Ephesians, Passover, Numbers

Day 298: leach, chair, grade, trash, feast, eaten, carve, great, yeast, place, dunes, singe, cubed: "Many shall rejoice at his birth" Luke 1:14.

Day 299: Remember not the sins of my youth, nor my transgressions: according to thy mercy remember thou me for thy goodness' sake, O Lord.

Day 300: suitable, courteous, increasingly, deep, waffle, khaki; We are fools for Christ's sake, but ye are wise in Christ; we are weak, but ye are strong; ye are honourable, but we are despised.

Day 301: 1.troops 2.heaven 3.vanish 4.deliver 5.evident 6.commit 7.possess 8.discern; Philemon

Day 302: 1.And he took bread, and gave thanks, and brake it, and gave unto them, saying, This is my body which is given for you: this do in remembrance of me (Luke 22:19). 2.In my Father's house are many mansions: if it were not so, I would have told you. I go to prepare a place for you (John 14:2). 3.For the eyes of the Lord run to and fro throughout the whole earth, to shew himself strong in the behalf of them whose heart is perfect toward him (2 Chronicles 16:9).

Day 303: 1.ITASAPN, Antipas 2.MOISN, Simon 3.UMATBIARSE, Bartimaeus

Day 304: Nay, in all these things we are more than conquerors through him that loved us.

Day 305: Acts, Hebrews, Jude, Matthew, Revelation, Romans, Titus

Day 306: Ecclesiastes, Jerusalem, Sanhedrin

Day 307: foreigner, October, matinee, vengeful, hidden, impossible; For to this end Christ both died, and rose, and revived, that he might be Lord both of the dead and living.

Day 308: 1.content 2.arrows 3.tossing 4.loathsome 5.clothed 6.comfort 7.return 8.rewards; cast lots

Day 309: 1.And the woman bare a son, and called his name Samson: and the child grew, and the Lord blessed him (Judges 13:24). 2.It is of the Lord's mercies that we are not consumed, because his compassions fail not. They are new every morning: great is thy faithfulness (Lamentations 3:22–23). 3.Let your speech be always with grace, seasoned with salt, that ye may know how ye ought to answer every man (Colossians 4:6).

Day 310: steed, caked, sales, tread, tense, fling, soles, spoil, elite, pined, shape, borer, dames: "Now the just shall live by faith" Hebrews 10:38.

Day 311: Beloved, I wish above all things that thou mayest prosper and be in health, even as thy soul prospereth.

Day 312: valid, Christian, golf, hospitality, workout, barometer; For it is written, As I live, saith the Lord, every knee shall bow to me, and every tongue shall confess to God.

Day 313: 1.perverse 2.hireling 3.tongue 4.imagine 5.tokens 6.wrath 7.declare 8.increase 9.blown 10.anger; signet ring

Day 314: 1.Therefore being justified by faith, we have peace with God through our Lord Jesus Christ (Romans 5:1). 2.Jesus said unto her, I am the resurrection, and the life: he that believeth in me, though he were dead, yet shall he live (John 11:25). 3.Confess your faults one to another, and pray one for another, that ye may be healed. The effectual fervent prayer of a righteous man availeth much (James 5:16).

Day 315: 1.JSOHPE, Joseph 2.AMRATH, Martha 3.IALQUA, Aquila

Day 316: Whether therefore ye eat, or drink, or whatsoever ye do, do all to the glory of God.

Day 317: fish, goat, horse, locust, serpent, sheep, sparrow

Day 318: 1.troops 2.harvest 3.wicked 4.lies 5.wine 6.robbers 7.consent 8.midst 9.know 10.former 11.sour; Philistines

Day 319: Revelation, Rebekah, Macedonia

Day 320: react, trash, louse, noble, topic, slant, aping, timed, cited, Morse, prays, print: "For he is like a refiner's fire" Malachi 3:2.

Day 321: I will be glad and rejoice in thee: I will sing praise to thy name, O thou most High.

Day 322: impersonal, olfactory, barbecue, dawn, kings, hypothetical; Know ye not that your bodies are the members of Christ? shall I then take the members of Christ, and make them the members of an harlot? God forbid.

Day 323: 1.purity 2.hasten 3.captivity 4.needy 5.trust 6.mouth 7.perish; papyrus

Day 324: 1.But as for you, ye thought evil against me; but God meant it unto good, to bring to pass, as it is this day, to save much people alive (Genesis 50:20). 2.And of every living thing of all flesh, two of every sort shalt thou bring into the ark, to keep them alive with thee; they shall be male and female (Genesis 6:19). 3. And the Lord went before them by day in a pillar of a cloud, to lead them the way; and by night in a pillar of fire, to give them light; to go by day and night (Exodus 13:21).

Day 325: 1.DIAYL, Lydia 2.PLPIHI, Philip 3.UIERSTT, Tertius

Day 326: Now faith is the substance of things hoped for, the evidence of things not seen.

Day 327: David, Elisha, Ezra, Gideon, Moses, Noah, Samuel

Day 328: 1.servant 2.return 3.backward 4.shepherd 5.vanity 6.shout 7.built 8.foolish 9.down 10.spring; traditions

Day 329: 1.Behold, thou art fair, my love; behold, thou art fair; thou hast doves' eyes within thy locks: thy hair is as a flock of goats, that appear from mount Gilead (Song of Solomon 4:1). 2.And the vessel that he made of clay was marred in the hand of the potter: so he made it again another vessel, as seemed good to the potter to make it (Jeremiah 18:4). 3.Daniel answered and said, Blessed be the name of God for ever and ever: for wisdom and might are his (Daniel 2:20).

Day 330: Sodom, Nebuchadnezzar, Transfiguration

Day 331: tread, grips, treed, sweet, brain, rains, stork, hired, lunge, drain, table, sines: "Charity vaunteth not itself" 1 Corinthians 13:4.

Day 332: Let no man deceive himself. If any man among you seemeth to be wise in this world, let him become a fool, that he may be wise.

Day 333: hyperbole, favorite, scarlet, communication, walk, purchased; Therefore let us keep the feast, not with old leaven, neither with the leaven of malice and wickedness; but with the unleavened bread of sincerity and truth.

Day 334: 1.burden 2.smoother 3.drawn 4.attend 5.sacrifice 6.destroy 7.butter 8.wander 9.deceit 10.enemies; beatitudes

Day 335: 1.And she shall bring forth a son, and thou shalt call his name Jesus: for he shall save his people from their sins (Matthew 1:21). 2.Being confident of this very thing, that he which hath begun a good work in you will perform it until the day of Jesus Christ (Philippians 1:6). 3.For every creature of God is good, and nothing to be refused, if it be received with thanksgiving (1 Timothy 4:4).

Day 336: 1.JSUDA, Judas 2.SJUES, Jesus 3.RETEP, Peter

Day 337: To the Lord our God belong mercies and forgivenesses, though we have rebelled against him.

Day 338: Isaiah, James, Paul, Peter, Stephen, Uriah, Zechariah

Day 339: 1.Behold the fowls of the air: for they sow not, neither do they reap, nor gather into barns; yet your heavenly Father feedeth them. Are ye not much better than they (Matthew 6:26)? 2. There is neither Jew nor Greek, there is neither bond nor free, there is neither male nor female: for ye are all one in Christ Jesus (Galatians 3:28). 3.For yourselves know perfectly that the day of the Lord so cometh as a thief in the night (1 Thessalonians 5:2).

Day 340: 1.clean 2.publish 3.withhold 4.wander 5.forest 6.drink 7.palace 8.holiness; The lions' den

Day 341: Exodus, Eutychus, Antichrist

Day 342: 1.Give therefore thy servant an understanding heart to judge thy people, that I may discern between good and bad: for who is able to judge this thy so great a people (1 Kings 3:9)? 2.Josiah was eight years old when he began to reign, and he reigned in Jerusalem one and thirty years (2 Chronicles 34:1). 3.Let all the earth fear the Lord: let all the inhabitants of the world stand in awe of him (Psalm 33:8).

Day 343: merge, sleds, drone, glean, strew, rains, dirty, later, clots, clean, frame, voted, dense: "And have peace one with another" Mark 9:50.

Day 344: But avoid foolish questions, and genealogies, and contentions, and strivings about the law; for they are unprofitable and vain.

Day 345: follow, preference, anonymous, archangel, maverick, domestic; For whatsoever things were written aforetime were written for our learning, that we through patience and comfort of the scriptures might have hope.

Day 346: 1.lamb 2.blessed 3.correct 4.follow 5.Zion 6.beauty 7.burn 8.judge 9.believe; Beelzebub

Day 347: 1.Know ye that the Lord he is God: it is he that hath made us, and not we ourselves; we are his people, and the sheep of his pasture (Psalm 100:3). 2.But he was wounded for our transgressions, he was bruised for our iniquities: the chastisement of our peace was upon him; and with his stripes we are healed (Isaiah 53:5). 3.In the lips of him that hath understanding wisdom is found: but a rod is for the back of him that is void of understanding (Proverbs 10:13).

Day 348: 1.SIALS, Silas 2.TNHESPASA, Stephanas 3.CHUYTCIS, Tychicus

Day 349: For whatsoever is born of God overcometh the world: and this is the victory that overcometh the world, even our faith.

Day 350: faith, giving, healing, knowledge, prophecy

Day 351: Martha, Golgotha, Euphrates

Day 352: 1.meditate 2.waves 3.right 4.tremble 5.handmaid 6.mine 7.statutes 8.cursed; Matthias

Day 353: 1.Then Paul answered, What mean ye to weep and to break mine heart? for I am ready not to be bound only, but also to die at Jerusalem for the name of the Lord Jesus (Acts 21:13). 2.And if thy hand offend thee, cut if off: it is better for thee to enter into life maimed, than having two hands to go into hell, into the fire that never shall be quenched (Mark 9:43). 3.What? know ye not that your body is the temple of the Holy Ghost which is in you, which ye have of God, and ye are not your own (1 Corinthians 6:19)?

Day 354: 1.BASARBBA, Barabbas 2.ORDHE, Herod 3.ITSTU, Titus

Day 355: 1.distress 2.dream 3.noise 4.thunder 5.empty 6.debate 7.drink 8.child 9.turn; Sanhedrin

Day 356: shear, cured, snare, reach, blame, heart, drips, hasty, acute, glean, reign, scant: "The true God, and eternal life" 1 John 5:20.

Day 357: Fight the good fight of faith, lay hold on eternal life. . .and hast professed a good profession before many witnesses. 1 Timothy 6:12

Day 358: beware, forgiveness, history, improvement, deceitful, maintain; But as it is written, Eye hath not seen, nor ear heard, neither have entered into the heart of man, the things which God hath prepared for them that love him.

Day 359: 1.oppressor 2.shoulder 3.throne 4.pride 5.earth 6.dimness 7.justice 8.Syria; prophecy

Day 360: 1.A virtuous woman is a crown to her husband: but she that maketh ashamed is as rottenness in his bones (Proverbs 12:4). 2.But now, O Lord, thou art our father; we are the clay, and thou our potter; and we all are the work of thy hand (Isaiah 64:8). 3.Be sober, be vigilant; because your adversary the devil, as a roaring lion, walketh about, seeking whom he may devour (1 Peter 5:8).

Day 361: 1.PHTEUHSIOL, Theophilus 2.UCSUSTARGUEASA, Caesar Augustus 3.ESSJU, Jesus

Day 362: For as the body without the spirit is dead, so faith without works is dead also.

Day 363: 1.cedar 2.spoiled 3.loathed 4.broken 5.flock 6.goodly 7.corner 8.king 9.vintage 10.depart 11.smite; astrologers

Day 364: Leviticus, Bethany, Antioch

Day 365: 1.But Jesus said, Suffer little children, and forbid them not, to come unto me: for of such is the kingdom of heaven (Matthew 19:14). 2.For there is one God, and one mediator between God and men, the man Christ Jesus (1 Timothy 2:5). 3.Let your conversation be without covetousness; and be content with such things as ye have: for he hath said, I will never leave thee, nor forsake thee (Hebrews 13:5).